東南アジア
の洞窟遺跡

福井洞窟
ミュージアム×東南アジア考古学会編

雄山閣

ごあいさつ

　このたび、東南アジア考古学会（Japan Society for Southeast Asian Archaeology）は佐世保市福井洞窟ミュージアムと連携し、企画展『東南アジアの洞窟遺跡』を共同で主催することとなりました。

　東南アジア考古学会は、東南アジアの考古学を研究する日本の学者が集まり、1977年に設立されました。現在では考古学者だけではなく、東南アジアの遺跡や文化遺産に興味をもつ市民や海外の方々も会員になっており、研究大会や例会の開催、学会誌の刊行などの活動を続けています。

　東南アジアは多くの民族、宗教、言語、生活様式が共存する、多様性を特徴とする地域です。ただしその歴史をさかのぼると、東南アジアの基層をなした共通性の高い文化の広がりを認めることができ、そのひとつが更新世末期から完新世前半にかけて東南アジアに広がった石器文化です。当時の人々はおもに洞窟に住み、狩猟・漁労・採集を生業としていました。洞窟遺跡から多くの石器や骨角器、動物骨などが出土する状況は日本と共通しています。

　日本の洞窟遺跡研究の聖地といえる佐世保市と協働し、日本 ASEAN 友好協力 50 周年、日本・カンボジア外交関係樹立 70 周年、日本・ベトナム外交関係樹立 50 周年という記念すべき年に東南アジアの洞窟遺跡をテーマとする企画展を開催し、それが全国 10 会場を巡回することは、東南アジア考古学会にとってきわめて喜ばしいことです。この機会に東南アジア各地の洞窟遺跡を紹介し、その学術的意義を伝えるととともに、東南アジア考古学の魅力を存分に発信したいと願っています。

　最後になりますが、本企画展を共同で主催するという貴重な機会を与えてくださった佐世保市教育委員会ならびに佐世保市福井洞窟ミュージアムの皆様、ご後援を賜りました関係機関の皆様、資料や情報を提供してくださった皆様、また、ご執筆いただいた東南アジア考古学会会員の皆様に、心からお礼申し上げます。

東南アジア考古学会

会長　山形　眞理子

佐世保市は、北部九州の西端に位置する都市です。数多く
の洞窟遺跡があり、遺跡の数と各遺跡の質から「洞窟遺跡日
本一のまち佐世保」を掲げています。とりわけ、国指定の史
跡福井洞窟や泉福寺洞窟は人類史上意義ある遺跡として学界
において広く知られています。

　この度、佐世保市において、連携企画展『東南アジアの洞
窟遺跡』を東南アジア考古学会と共同で主催することとなり
ました。

　現在、佐世保市では、福井洞窟の国の特別史跡を目指して
おり、こうした東南アジア考古学会との展示交流は、福井洞窟の価値をさらに広く世界的
な視点でみる機会になるものと言えます。東南アジア各国のさまざまな洞窟遺跡を紹介い
ただき、とりわけ、ホアビニアン期という福井洞窟と同じ時代に生きた人々の生活の様子
が取り上げられたことは極めて意義あることです。

　また、奇しくも日本 ASEAN 友好協力 50 周年という記念すべき年に本展示会が開催
できたことは大変喜ばしいことであります。本展示会は、佐世保市を皮切りに沖縄から
北海道までの全国 10 会場で巡回展示されます。本展示会の広く、時空を越えた視点から
ASEAN 諸国と我が国の「心と心の触れ合う」深い絆がさらに全国に広がることを期待し
ています。

　結びになりますが、福井洞窟ミュージアムと東南アジア考古学会との連携企画展の開
催にあたって、東南アジア考古学会及びご執筆いただいた学会員のみなさま、また、ご監
修いただきました鹿児島大学名誉教授　新田栄治先生、東南アジア考古学会長・立教大学
特任教授　山形眞理子先生には心より感謝申し上げます。また、連携展示会開催にあたっ
て、事業推進に協力いただきました岡山理科大学をはじめ、ご後援や情報提供等のご協力
を賜りました関係機関や東南アジア各国の皆さま、地元佐世保市吉井町の皆様に心からお
礼申し上げます。

佐世保市教育委員会

教育長　陣内　康昭

第 3 章 ────────────────

ホアビニアンの周縁と拡散 ・・・ 徳澤啓一　110

第 4 章 ────────────────

東南アジアの洞窟遺跡 ・・・ 徳澤啓一・栁田裕三　118

＊本書では、時代区分や石器器種の名称、年代表記などについては、現地報告書の用語を尊重し、無理に統一せず執筆者の判断に委ねた。
＊本書では「南シナ海」という名称を使用しているが、これは日本国内で一般に使用される名称に従ったものである。
＊各項目において執筆者自身が撮影した写真については、撮影者の表示を省略している。

1

洞窟から
人類史を探る

1 　東南アジアとその海域における人類の移動

　私たち新人（ホモ・サピエンス）の祖先がアフリカで誕生したことは、人類学ではほぼ定説となっている。人類が猿人－原人－旧人－新人という進化を遂げる中で、原人段階と新人段階の人類がアフリカを出てユーラシア大陸に拡散した「出アフリカ」という現象は、地球上に人類が拡がる端緒となった。アフリカで 30 万～20 万年前に出現した新人は、アフリカ東部からアラビア半島、インドを経由し、5 万～4 万年前に東南アジアに到達したとみられる。

　当時は最終氷期にあたり、寒冷な気候のもとで氷床が発達し、地球規模で海水準が低下していた。東南アジアでも海退によって、現在のマレー半島の東岸からインドシナ半島の沖合にかけての大陸棚が陸化しており（「スンダ大陸」または「スンダランド（Sundaland）」という）、現在の東南アジア大陸部とスマトラ島、ボルネオ島、ジャワ島、バリ島などが陸続きであった。

タボン洞窟が所在する
フィリピン・パラワン島
リプーン岬（山形眞理子氏撮影）

　スンダランドに到達した新人は、そこから現在のウォーレシア海を渡り、同じように陸化していたニューギニア島、オーストラリア大陸、タスマニア島にかけての大陸棚（「サフル大陸」または「サフルランド（Sahulland）」という）に到達したと考えられている。このように最終氷期の間に東南アジア大陸部から島嶼を経てオーストラリアへと到達した初期の新人と、彼らを祖先とする人々は、スンダ・サフル系集団あるいはオーストラロ・メラネシア系集団と呼ばれている。

　本書で取り上げたベトナムのハンチョー洞窟（VN-2）、ラオスのタムパリン洞窟（LA-1）、マレーシアのニア洞窟（MA-3）、フィリピンのタボン洞窟（PH-1）では、この集団に分類される古い新人の骨が出土している。

　また、スンダ－サフル両大陸の間のウォーレシア海域では、フローレス島リアンブア洞窟（IN-3）、スラウェシ島のトポガロ洞窟（IN-4）を取り上げている。前者はフローレス原人、後者はウォーレシアの海を渡ってやってきた新人が残した遺跡として重要である。

最終氷期が終わり、温暖化に伴う海水面上昇によって海域化した島嶼部の
うち、ジャワ島のケプレック洞窟（IN-1）、ブラボロ洞窟（IN-2）では、オー
ストラロ・メラネシア系とともに、東アジア大陸系（モンゴロイド系）人骨が
出土している。温暖化に伴う海水面上昇によって、彼らは、ユーラシア大陸
東部から台湾、フィリピン、インドネシアへと渡海したと考えられる。

2　ホアビニアンの評価と議論

　仏領インドシナのフランス人考古学者マドレーヌ・コラニ（Madeleine
Colani）は、ベトナム北部のホアビン（Hoa Binh）省を中心とする地域にお
いて数十カ所もの石灰岩洞窟を発掘し、その成果にもとづいてホアビニアン
（Hoabinhian）（ホアビン文化）を定義した。ホアビニアンは、ベトナム北部の
紅河平野を取り巻く石灰岩山地を中心として、中国雲南省、ラオス北部、タ
イ北部などのインドシナ半島の最北部に遺跡分布が集中している。

　年代に関しては、更新世から完新世初期、考古学的には後期旧石器時代か
ら新石器時代初期にあたるとされる。第3章で後述するとおり、諸説ととも
にさまざまな年代測定値が公表されており、中国南部やタイ北部の研究を参
照すると43,500年前頃から3,700年前頃という最大幅を見積もることができ
る。ただし、ベトナムの考古学界では、おおむね30,000年前から7,000年前
頃という年代が考えられている。

　石器群に関しては、片面加工の楕円形石器スマトラリス（Sumatralith）、ディ
スク型石器ディスコイド（Discoid）、ショートアックス（Short-Axes）、また、
チョッパー・チョッピングトゥール、石皿、磨石、刃部磨製石器などがある
ものの、細石器、土器を伴わないとされている。こうした特徴は、コンモー
ン洞窟（VN-1）、ハンチョー洞窟（VN-2）で取り上げたとおりである。

　また、生業に関しては、フンクウェン岩陰（VN-3）において、土壌からの
微細遺物の回収に注力した結果、動物骨、魚類及び貝類などが見い出され、
内陸に位置する洞窟として、淡水性水産資源の利用に注目が集まっている。
ホアビニアン期は、最終氷期の終わりという環境変動の節目を含み、かつて
のタイのピィ（スピリット）洞窟（TH-8）での学史的論争のとおり、動物相と
ともに、洞窟周辺での栽培や初期農耕の可能性が議論された時期でもある。

［ベトナム］VN-1：コンモーン洞窟, VN-2：ハンチョー洞窟, VN-3：フンクウェン岩陰, ［ラオス］LA-1：タムパリン洞窟, LA-2：タムティン洞窟, LA-3：ヴァンタレーウ洞窟, ［カンボジア］CA-1：ラーン・スピアン洞窟, CA-2：プラサート・プノム・チュンゴーク洞窟, ［タイ］TH-1：ランロンリエン岩陰, TH-2：ロット岩陰, TH-3：サイヨーク洞窟, TH-4：プラ洞窟, TH-5：カオタルー洞窟, TH-6：ヒープ洞窟, TH-7：メント洞窟, TH-8：ピィ（スピリット）洞窟, TH-9：バーン・ヤン洞窟, TH-10：パチャン洞窟, TH-11：スティープ・クリフ洞窟, TH-12：オンバー洞窟, TH-13：プーポー遺跡, TH-14：プー・プラバット遺跡, TH-15：カオチャンガム洞窟, TH-16：タドゥアン洞窟, TH-17：パテェーム洞窟, TH-18：パデーン洞窟・ムェデーン洞窟, TH-19：クラセー洞窟, TH-20：プラヤナコーン洞窟, TH-21：バンライ洞窟, TH-22：ファイイン洞窟, TH-23：カオキチャン洞窟, TH-24：モーキエウ洞窟, ［マレーシア］MA-1：バトゥ洞窟, MA-2：グヌン・ルントゥー洞窟, MA-3：ニア洞窟, MA-4：グアケチル洞窟, ［ミャンマー］MY-1：ピンダヤ洞窟, ［フィリピン］PH-1：タボン洞窟, ［インドネシア］IN-1：ケプレック洞窟, IN-2：ブラボロ洞窟, IN-3：リアンブア洞窟, IN-4：トポガロ洞窟, IN-5：トギンドラワ洞窟

日本

ミャンマー
ラオス
MY-1
LA-1
LA-2
VN-2,3,5
VN-1
TH-2,
4,8-11
TH-14
TH-15
TH-13
TH-17
TH-3,5-7,
12,16,18,19
タイ
CA-2
ベトナム
カンボジア
TH-20
CA-1
TH-1
PH-1
フィリピン

マレーシア
MA-2
MA-1
MA-3

IN-4

スンダ太陸棚

インドネシア
IN-1
IN-2
IN-3
東ティモール

サフル大陸棚

M-10
M-9
M-8
M-7
M-5
M-3
M-4
M-6
M-1
M-2

オーストラリア

海抜 -200 m
海抜 -1,000 m
海抜 -2,000 m

*第3章に関連する遺跡の位置は, 第3章の地図に示した。

本書第1章及び第2章で取り上げる洞窟遺跡の分布と本展覧会の開催館

［開催館］M-1：福井洞窟ミュージアム（長崎県佐世保市）, M-2：あまわりパーク世界遺産勝連城跡（沖縄県うるま市）, M-3：長崎県埋蔵文化財センター一支国博物館（長崎県壱岐市）, M-4：中津市歴史博物館（大分県中津市）, M-5：倉敷考古館（岡山県倉敷市）, M-6：奈良県立橿原考古学研究所附属博物館（奈良県橿原市）, M-7：岩宿博物館（群馬県みどり市）, M-8：津南町農と縄文の体験実習館なじょもん（新潟県津南町）, M-9：山形県立うきたむ風土記の丘考古資料館（山形県高畠町）, M-10：遠軽町埋蔵文化財センター（北海道遠軽町）

バトゥ洞窟（マレーシア・MA-1）
セランゴール州に所在する石灰岩洞窟。1〜2月に開催される
ヒンドゥー教最大の祭礼「タイプーサム」が有名。

3　信仰の地、鎮魂の地、聖地としての洞窟

　大陸部・島嶼部ともに、壁画が描かれた洞窟遺跡が数多く確認されており、カオチャンガム洞窟（TH-15）、タドゥアン洞窟（TH-16）、パテェーム洞窟（TH-17）、パデーン及びムェデーン洞窟（TH-18）などの壁画のように、時期や地域を越えて共通する図像の表現やその構成などがある。壁画の多くが更新世に入ってからの温暖化した時期の所産と考えられているものの、壁画に共伴する遺物を特定できないため、年代を絞り込むことはきわめて難しい。

　また、壁画に描かれた図像を見ると、人々の衣食住などにかかわる生活の場面が描写され、頭髪（髪飾り？）や服装などの装い、狩猟や漁労、イヌが家畜化された生業の様子などを窺うことができる。また、抽象的な表現であるものの、儀礼・儀式などに伴う葬列・行列を想起させる構図が見られ、こうした壁画に人類の記憶が込められているといってよい。

　さて、環境が温暖化したことで、山村、漁村、そして、農村が形成され、そこに人類が定住するようになった。一方、洞窟は、ピィ洞窟の鳥棺葬などに見られるとおり、葬礼の場や墓地として利用されるようになった。

ピンダヤ洞窟

（ミャンマー・MY-1）
シャン州に所在する石灰
岩洞窟。13世紀から奉
納され続けた8,000体と
もいわれる仏像が安置さ
れている仏教の聖地。

　その後、さらに時代が進み、洞窟利用の記憶が失われ、人類の生活から隔
絶されたことで「神秘的」などと形容されるとおり、洞窟空間は、異界観を
体現する別世界と見做されるようになった。その結果、洞窟は各地の信仰や
宗教の聖地・聖域となり、荘厳な宗教的施設が建設された例も少なくない。

　東南アジアを見渡すと、ヒンズー教寺院としてのマレーシアのバトゥ（Batu）
洞窟（MA-1）、仏教寺院としてのミャンマーのピンダヤ（Pindaya）洞窟（MY-1）
などが著名である。また、本書では、仏教寺院としてのラオス・タムティン
洞窟（LA-2）、ヒンズー教の祠堂としてのカンボジアのプラサート・プノム・
チュンゴーク洞窟（CA-2）、そして、
泰緬鉄道の犠牲者を弔うタイのクラ
セー洞窟（TH-19）を取り上げた。

　なお、福井洞窟が位置する佐世
保市の「平戸（北松）八奇勝（八景）」
の一つである岩屋宮（妙見宮）は、
現在、須佐神社（穴妙見ともいう）
と称され、洞窟そのものがご神体
とされている。かつて禁足地の神
域とされ、戦後、人々の立ち入り
を拒むため、洞窟をふさぐように
拝殿が建立された。わが国でも洞
窟が信仰の対象になっているよい
例である。
　　　　　　　　　（徳澤啓一）

岩屋宮（長崎県佐世保市）
砂岩洞窟。平戸藩主松浦熙が沢渡広繁に描
かせた「平戸地方八奇勝図」（平戸八奇勝）
の一つである。

人類の洞窟利用とその痕跡

マレーシア・ニア洞窟
（海部陽介氏撮影）

ベトナム戦争中に
発見された洞窟

コンモーン洞窟

ベトナム・タインホア省

■ 第 1 章地図 VN-1

1　植民地時代の洞窟調査

　　ベトナムは 19 世紀後半からフランスの植民地となった。植民地政権は資源獲得とこの地を効率的に支配するために人びとの民族性や歴史を解明する研究機関を設立した。その代表的な機関がフランス極東学院とインドシナ地質局である。その研究機関に所属する考古学者のマドレーヌ・コラニ（1866〜1943 年）は、1920 年代から 30 年代にかけて北部の石灰岩山地帯の洞窟を精力的に調査して、この地の歴史の黎明期を明らかにした。先史時代のホアビン文化とバクソン文化の確立である。

　　1945 年 8 月、日本の敗戦によって、ホーチミン率いるベトミン（ベトナム独立同盟）は植民地政府から政権を奪取すると、フランスとの間で第一次イ

ンドシナ戦争が勃発した。1954年5月、ディエンビエンフーの戦いでフランスが敗退すると、北にホーチミン率いるベトナム民主共和国（北ベトナム）が成立、南部にアメリカに支えられたベトナム共和国（南ベトナム）がたち、1975年4月までつづくベトナム戦争の幕開けとなった。

2 「動物の洞窟」

　ベトナム戦争中、北ベトナムでは民族のアイデンティティを確立するために考古学調査が盛んにおこなわれた。北爆中でも、考古学者は危険を冒しながら調査に邁進し、そうした過程でそれまで不明だった前期旧石器時代や後期旧石器時代の遺跡を発見していった。

　その代表的な遺跡が1974年に発見されたコンモーン（Con Moong）洞窟である。コンモーンとは、この地の言葉で「動物の洞窟」を意味する。首都ハノイから直線距離にして約100km、タインホア省のクックフォン国立公園内にある。クックフォンは北からつづく山並みの石灰岩山で長さ30km、幅7kmほどの森林にはいくつかの渓谷があり、貴重な動植物の宝庫となっている。草木類では1,880種、動物では233種、鳥類では137種が存在するという。この地域の住民は、ベトナムを代表するキン族（狭義のベトナム人）と近い関係にある少数民族のムオン族で、いまでも狩猟と採集がおもな生業である。

クックフォン地区のムオン族の家

洞窟の入口

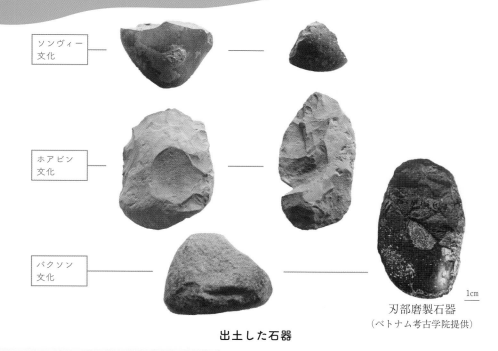

ソンヴィー
文化

ホアビン
文化

バクソン
文化

1cm

刃部磨製石器
（ベトナム考古学院提供）

出土した石器

3 発掘された洞窟

　1976年、南北ベトナムが統一された歓喜のなかで考古学者はこの洞窟を発掘調査した。洞窟は山の中腹に位置し、開口部は西南と東南にあり、西南部で巻貝を大量に含む3.5mほどの土層が確認され、3つの文化層に分けられた。

　最下層の文化層Ⅰから、後期旧石器時代のソンヴィー文化の礫器と剝片石器、石皿、磨石、骨器など、そして墓跡3基、炉跡2基が検出された。墓からは屈葬状態の男性と女性の骨が出土し、この資料は当時、後期旧石器時代人骨の2例目の発見であった。

　文化層Ⅱから、ソンヴィー文化の礫器のほかに、ホアビン文化のスマトラリス（楕円形石器）、ショートアックス（短斧）、石皿、磨石、敲石、骨器、貝器などが出土した。また、1基の墓跡、5基の炉跡などが検出されたが、人骨にかんしては、細片のため性・年齢などを特定できなかった。

　文化層Ⅲから、前期新石器時代のバクソン文化の刃部磨製石斧3点と礫器、石皿、磨石などが出土し、炉跡が検出された。

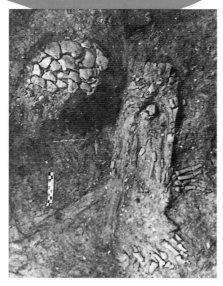

出土した人骨（左）**と骨器**（右）
（ベトナム考古学院提供）

4　ベトナム考古学の進展

　コンモーン洞窟の調査は、ベトナム考古学界に多大な貢献をした。まず、出土遺物の層位的事実によって、後期旧石器文化から新石器文化の変遷が明らかになったことである。つまり、後期旧石器時代のソンヴィー文化から新石器時代のホアビン文化、そしてバクソン文化への変遷を確定し、ホアビン文化はソンヴィー文化に起源をもつことを証明したのである。

　これまでソンヴィー文化の石器は表採資料のため、その編年的位置づけが難しかったのだが、この洞窟出土資料がその位置を決定した。また、^{14}C 年代測定がおこなわれ、最下層で BP.12,350 ± 70 の数値、文化層Ⅱの下層でBP.10,330 ± 70 の数値をえている。これによって、ソンヴィー文化と早期段階のホアビン文化の絶対年代がえられたのであった。また、文化層Ⅲでタタキ目のある粗製土器片が出土したことで（現在では、混入と判断されている）、土器出現期への議論をうむことになった。

　コンモーン洞窟の調査成果をうけ、その後、グォム洞窟、ソムチャイ洞窟、ランヴィエン洞窟などの発掘調査がおこなわれ、旧石器時代から新石器時代の様相や土器出現期、農耕起源論などがベトナム考古学界で展開していくこととなった。

（菊池誠一）

洞窟に埋葬された　ハンチョー洞窟
ハンチョー・レディ

ハンチョー洞窟

ベトナム・ホアビン省

■ 第1章地図 VN-2

1 「貝の洞窟」

　ハンチョー（Hàng Chổ）洞窟は、ベトナム北部ホアビン（Hòa Bình）省ルォンソン（Lương Sơn）県カオソン（Cao Sơn）社フイ（Hụi）村に位置する（北緯 20° 50′ 24″、東経 105° 30′ 11″）。この地域はタワーカルストを特徴とし、谷間の平坦面との比高が 100 m を超える断崖が連なり、裾部に多くの洞窟や岩陰が形成されている。そのうちのひとつハンチョー洞窟はサン山（Núi Sáng）の麓にあって、南西に向かって開口する洞窟と岩陰からなる。洞窟の地表面は遺跡前面に広がる水田よりも約 10 m 高い。

　ホアビン省はベトナムの首都ハノイの西に隣接する山岳地帯で、ハノイ中心部からハンチョー洞窟までは直線距離で約 40 km、車だと 2 時間半ほどで

到着する。遺跡のある村の住民は少数民族のムォン族である。

　このホアビン省という名にちなんで、東南アジア大陸部に更新世末期から完新世初期にかけて広がった石器時代文化は、ベトナム考古学ではホアビン文化、英語ではホアビニアンと呼ばれる。

　ホアビン省内の洞窟・岩陰を初めて調査したのは、フランス人考古学者マドレーヌ・コラニであった。彼女は 1926 年から 1929 年にかけてベトナム北部の石灰岩地帯で洞窟・岩陰遺跡 33 カ所を調査し、その成果をもとに、1932 年の極東先史学者会議でホアビニアンという石器文化の定義を示した。ハンチョー洞窟もまたコラニによって 1926 年に調査され、その当時はラムガン洞窟と呼ばれた。現在の名称であるハンチョーのハンはベトナム語で「洞窟」、チョーとは地元の言葉で「貝」を意味する。つまり「貝の洞窟」である。

2　発掘された洞窟

　ハンチョー洞窟では 2004 年に日本・ベトナム・韓国・オーストラリアの 4 カ国による合同発掘調査が行われ、形質人類学者を中心とする日本のチームが調査を主導した。4 カ所の発掘区（総面積 45.2㎡）からは、ホアビニアン石器群や動物骨などの遺物が大量に出土した（Matsumura *et al.* 2008）。

　洞窟内部の発掘区では、淡水貝が凝固した状態で集中する貝層を含む、約 1.6m の厚さの文化層が確認された。遺跡名の由来となった貝の 9 割近くはカワニナ科で、わずかにタニシ科やヒラマキガイ科の貝が混じっていた。いずれも遺跡周辺の小川や水辺で採集され、食料として洞窟に持ち込まれたものとみられる。

　出土した動物骨にはシカ類、イノシシ、ジャコウネコ科、大型ネコ科（トラ）、バンブーラット、ヤマアラシ、サル、クマ、ウシまたはスイギュウ、サイ、カメなどがあり、焼けた痕がある骨も多い。洞窟周囲の森で狩られた中・大型の哺乳類と、カメや貝などの小型水産資源が人々の生活を支える食料であった。

洞窟遠景

3　洞窟利用の年代

　石器群はホアビニアンに典型的なものであり、スマトラリスと呼ばれる片面加工の楕円形石器、ショートアックス、ディスコイド、チョッパー・チョッピングトゥールなどの礫石器を主体とするが、大量の剥片も伴っている。石皿、磨石、刃部磨製石斧も出土している。

　ハンチョーでは文化層の上から下まで、炭化物と貝のサンプル 40 点がソウル大学の研究者によって採取され、放射性炭素年代が測定された。その結果の暦年較正年代は紀元前 22000 年〜紀元前 7000 年の範囲を示し、更新世末から完新世前半にかけて、この洞窟が長く利用されたことが判明した。さらに、2006 年の追加調査で文化層の直下から採取された炭化物の測定年代は、約 30,000 年前という結果を示した（Yi *et al.* 2008）。ベトナムの考古学界では、ホアビン文化の初期の年代が 30,000 年前までさかのぼるとする説が支持されつつあるが、その根拠の一つがハンチョーで示されたのである。

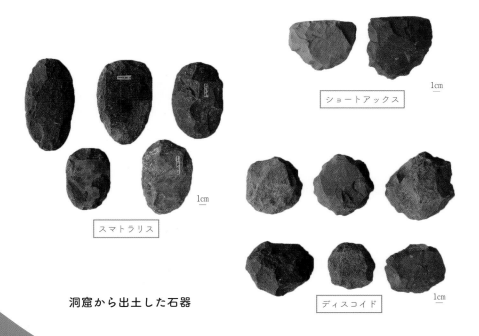

ショートアックス

スマトラリス

ディスコイド

洞窟から出土した石器

4　ハンチョー・レディ

　ハンチョーの名を有名にしたもう一つの成果は、2004 年に洞窟の前庭部のトレンチから発見された屈葬人骨である。

　埋葬人骨は、洞窟前庭部の地表面から約 1 m の深さで発見された。仰向けの屈葬である。後世の撹乱を受けて足指以外の下肢骨が失われていたが、大腿と下腿の骨以外は解剖学的位置を保った状態で出土した。寛骨の形態から明らかに女性であり、歯の摩耗状態や頭蓋主縫合の閉鎖状態から熟年と推定された。歯をサンプルとした放射性炭素年代は 11,150 cal BP - 9,750 cal BP（cal BP とは、放射性炭素年代測定値に対して較正曲線を用いて暦年に較正した年代であることを示す）と、まさに更新世から完新世に移行する時期という年代が示された。

　幸運なことに、この女性の顔面を含む頭骨が復元された。そこで形質人類学者が頭骨最大長、頭骨最大幅、眼窩幅、鼻高などの 16 項目を計測し、そのデータセットをもとに最新の統計解析の手法を用いて、アジア太平洋地域の様々な集団や個体から得られたセットと比較した。そして、集団間の類縁関係をネイバーネットスプリット法という統計手法によって系統樹として描いてみると、ハンチョーの女性は「スンダ・サフル系」というクラスターに入った。現代のオーストラリア先住民やパプア・ニューギニアの住民、そして日本の縄文人と同じ祖先（アフリカ大陸を出て東南アジアへと移動してきた初期の新人）を共有するグループである。一方で、現代のベトナム人とは全く異なる系譜の人であることも判明した（松村 2019、Matsumura *et al.* 2021）。

　アジアの人類史研究にとって欠かせない人となったこの女性。私たち発掘調査者たちは、敬意と親しみをこめて「ハンチョー・レディ」と呼んでいる。

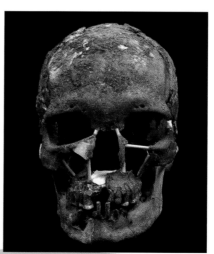

ハンチョー・レディ
（松村博文氏提供）

（山形眞理子）

フルイで収集された 骨貝類と内水面漁労

フンクウェン岩陰

ベトナム・ホアビン省

■ 第 1 章地図 VN-3

1 ホアビン文化

　3〜4万年前から7千年前にかけて、東南アジアには、スマトラリスと呼ばれる楕円形の礫石器や剥片石器を特徴とし、洞窟遺跡を形成する「ホアビン文化」が広がっていた。この名称は、ベトナム北西部のホアビン地方に分布する多くの石灰岩洞窟を調査したフランスの考古学者マドレーヌ・コラニが、1932年の第1回極東先史学者会議で提唱した「ホアビニアン（フランス語名 Hoabinhien）」に由来している。その会議から90年目の節目となった2022年、ホアビン市では記念シンポジウムが開かれ、市の中心部にコラニの石像が建立された。独立を勝ち取ったかつての植民地で、旧宗主国の考古学者が高く評価されていることは興味深い。

マイチャウの景観
フンクウェン岩陰は左側の岩山の下に立地。

2018 年に Science 誌に発表された論文において、現代の東南アジアの人々は、これまで考えられていたよりも複雑な過程で成立したことが論じられた。ホアビン文化を担った初期の現生人類は、現代東南アジア人の基層集団の一つであったようである（McColl *et al.* 2018）。ホアビン文化人類集団の遺伝的影響は、東南アジアにとどまらず、数千年前の日本列島にまで及んでいたらしい（Gakuhari *et al.* 2020）。ホアビン文化の様相を探求することは、ユーラシア東部の人類史を理解するうえで、きわめて重要といえる。

2 フンクウェン岩陰

ホアビン省のマイチャウ地区は、高さ 100m 以上の石灰岩の岩山が立ち並ぶ間の平地に牧歌的な田園地帯が広がる、風光明媚な観光地として知られている。この地方には多くのターイ（Thái）族が暮らしており、彼らの村で伝統的高床住居に泊まるツアーは、ベトナム内外から訪れる旅行者の人気を集めている。そうした村落の一つに近い岩山のふもとに、傾斜した岩壁が天井をつくるフンクウェン（Phứng Quyền）岩陰がある。北を向いた岩陰の内部は、入口の高さ 10m、幅 20m の開放的な空間だが、奥行きが 15m あるおかげで、雨天でも濡れることはない。岩陰から少し離れて流れる小さい川（ソンマー川）との比高差は、およそ 20m である。岩陰の内部には、カワニナなどの淡水生貝類やヤマタニシを主体とする貝層が各所に形成されており、貝層の一部は地表でも見ることができる。

1976 年、ベトナム考古学院によりフンクウェン岩陰の一画が発掘され、ここがホアビン文化の遺跡であることが確認された。出土物の放射性炭素年代測定からは、後期更新世末期にあたる約 1 万 8 千年前の年代値が得られている。このときの発掘調査では、多くの石器と動物骨に混じって、ジャイアントパンダの骨片が出土したとされる（Nguyễn 2021）。パンダは現在のベトナム北部に生息しておらず、出土パンダは後期更新世の東南アジア生物理を探る上で貴重な資料である。

ヤマタニシ

カワニナ

調査区南壁セクション
中段の赤い土は2万4千年前の層より下層の炉跡の焼土。

3　ベトナムと日本の共同発掘調査

　近年、ベトナムと日本の共同研究チームは、フンクウェン岩陰の新たな発掘調査を開始した。調査の目的は、後期更新世のホアビン地方の気候と自然環境を復元し、当時の人類の環境適応と動植物資源利用を詳細に明らかにすることである。発掘に先立ち、岩陰の現状を過去の地形記録と照らし合わせたところ、現在の岩陰の地表面は、以前より最大で1m低くなっていることが判明した。岩陰にはコウモリが生息しており、その糞が岩陰内の地表を広く覆っているが、糞混じりの土が耕作に適しているという理由で、地元の住民により表層の土が持ち去られていたのである。ホアビン文化期の堆積上部の撹乱が懸念されたが、岩陰の入口部は岩陰中央部に比べて地表面が高く、堆積が比較的良好に保存されていると推定されたため、入口部に発掘区が設定された。

　発掘区は2×1.5mの長方形で、2021年の夏と2023年の春に発掘作業が行われた。微細な遺物や骨を漏らさず収集するため、全ての掘削土が目の細かいフルイで選別された。また、遺跡の形成過程を明らかにするため、各層から出土した炭化物や骨を試料として、加速器質量分析法（AMS法）による放射性炭素年代測定が実施された。

微細遺物の収集
３段重ねのフルイを
用い、残渣から微細
遺物を収集する。

4　ホアビン文化期の狩猟と漁労

　発掘調査でフンクウェン岩陰から出土した遺物と動物骨は、ハノイのベトナム考古学院に搬入された。2021年の発掘成果はベトナム語の報告書として刊行されたが（Nguyễn 2021）、2023年調査の出土物については、現在整理と分析が進められている。研究はまだ途上であるものの、これまでの成果は、以下の４つに要約できる。①地表下250cmまで掘削され、全ての層からホアビン文化の石器群と動物骨が出土した。②地表下130〜170cmの層から出土した5点の炭化物について、いずれも約2万4千年前の年代測定値（較正年代）が得られた。③出土骨の大半が哺乳類のものであり、その種組成はシカ類、ウシ類、イノシシ類、サル類、大型のネズミ類（バンブーラットなど）、ジャコウネコ類、サイなど多岐にわたっていた。④ほぼ全ての層から一定量の淡水性魚類の骨が出土した（魚骨の同定は研究チームの樋泉岳二氏による）。

　様々な哺乳動物骨の出土は、ホアビン文化の各地の洞窟・岩陰遺跡に共通する特徴であり、低地・森林・山岳などホアビン地方の多様な環境に適応した狩猟活動が展開されていたことがうかがえる。加えて注目されるのが、各層から得られた淡水魚の骨である。後期更新世のホアビン文化期における内水面漁労は、これまでほとんどわかっていなかった。フンクウェン岩陰で各層から魚骨が出土したのは、継続的な漁労活動を示す重要新知見である。小さな魚骨が多く、フルイを用いた精密調査でなければ見逃していたおそれがある。ホアビン文化期に内水面漁労活動が広く行われていたかどうかを確認するためには、今後、他の洞窟・岩陰の発掘でも、フルイを用いた微細遺物の収集を推進する必要がある。　　　　（澤田純明／グエン・ティ・マイ・フォン）

人類の足跡をつなぐ洞窟

タムパリン洞窟

ラオス・フアパン県

■ 第1章地図 LA-1

1 さまざまな洞窟利用

　ラオスではこれまでに多くの洞窟が確認されており、遺跡として、信仰の場として、観光の場として保存・活用されている。

　遺跡として確認されている洞窟は、主に北部で発見されており、ここで紹介するラオス北部フアパン県に位置するタムパリン（Tam Pa Ling）洞窟を筆頭に、洞窟遺跡踏査や発掘調査が実施されてきた。また、近年では特にルアンパバーン県内に位置する多くの洞窟遺跡、タムフアプー洞窟、タムアンマー洞窟、タムスア洞窟などで踏査や発掘調査が実施されており、土器、石器、青銅器、鉄器、ビーズなどが出土している（Sayavongkhamdy and Bellwood 2000、White and Bouasisengpaseuth 2010）。

コンロー洞窟

　信仰の場としての洞窟は、洞窟内に仏像を安置しているルアンパバーン県タムティン洞窟やカムワン県タムパノーンパーファー洞窟がよく知られており、両者ともに観光の場としても活用されている。

　観光の場としての洞窟は、前述した洞窟以外にもカムワン県のコンロー洞窟がよく知られており、洞窟内部を川が流れているため、観光船が運行されており、洞窟内部を船で移動しながら探索することができる。

2　発掘された洞窟

　タムパリン洞窟はラオス北東部フアパン県ソーン郡ローングアパー村に位置している。同村はソーン郡の中心から南へ約35km地点の山岳地帯に位置する人口900人弱のモン族の小規模な集落であり、村の中央をナムヌーン川が縦断している。また、同村より北東側には国指定のナムエート・プールーイ自然保護エリアが広がっている。

　ローングアパー村にはプールアンと呼ばれる石灰岩の山岳地帯があり、その山岳地帯のパーハーンと呼ばれる切り立った岸壁地点には、山裾の岩壁に沿って小規模の空洞を形成している箇所が連続してあり、その区間をタムハーン洞窟、そこから約200m離れた山裾から一段高い部分に開口部を持つ洞窟をタムパリン洞窟と呼んでいる。

タムハーン洞窟（Phedanamvongsa Pany 氏 2022 年撮影）

　タムハーン洞窟は、石灰岩の岸壁が侵食されることにより形成されており、それぞれ規模は小規模で、前述したように岩壁に沿って連続した小さな空洞を形成している状況となっている。一方、タムパリン洞窟は標高約 1,100 m 地点に大きな開口部を持ち、その内部は高さ 20〜25 m 程度、幅約 30 m、奥行き約 40 m の規模を有している。また、洞窟内部には鍾乳石が形成されており、土壌の堆積も確認することができる。

　タムハーン洞窟およびタムパリン洞窟を含む同地域は、現在史跡として保存管理するようソーン郡役場とローングアパー村が協力しており、地域住民に対しても、史跡の意義や重要性に係る啓蒙活動が実施されている。

3　海外からのまなざし

　1900 年代前半に実施されたフランス人研究者らによる考古学的調査以来、これまでにタムハーン洞窟およびタムパリン洞窟では調査が実施されており、多くの成果を上げている。一方で、1900 年代前半の調査は一世紀近く前の調査であるため現在の調査・分析方法とは異なること、ラオス側が保管している調査記録や報告が散逸していること、多くの出土品の所在が不明であることなど、多くの問題を抱えている状況となっている。

　そのような状況の中、両洞窟遺跡のさらなる調査研究のため、2000 年代に入り、海外の研究者グループを主体とした調査団にラオス情報文化観光省遺産局専門調査員およびフアパン県情報文化観光局職員が加わった共同調査団により、考古学的調査が精力的に実施されている。それらの調査の中で、

発掘トレンチ（Phedanamvongsa Pany 氏 2022 年撮影）

欧米の研究者による考古学的発掘調査は長期間にわたり継続的に実施されており、2004〜2005 年、2008〜2009 年の発掘調査では、石器、装飾品、頭蓋骨を含む人骨や動物骨などを検出している。その後も 2010 年、2013 年、2015〜2017 年と継続的に考古学的発掘調査が実施され、人骨や動物骨などを検出し、多くの調査成果を上げている。

4　最新の知見

　一方で、近年の状況としてはコロナ禍の影響によるラオス政府のロックダウン対応等により、調査の中断を余儀なくされていたが、今後の調査計画は継続されており、現在進行形で調査に係る協議がおこなわれているという。また、これまでの考古学的調査成果については、ソーシャルメディアやラオス側の報道などを通して調査速報というかたちで提示され、出土資料の分析およびその成果も概報や研究論文という形で提示されつつある。

　その中で欧米の研究者らによる遺跡の年代測定結果が公開され、人骨を直接試料としていないため推定となってしまうが、人骨が確認された層位で検出された動物骨等を試料とした複数の年代測定方法により分析した結果、最下層で検出された人骨（前頭骨・脛骨）の年代が 8 万 6 千年前に遡る可能性があると判断し、これまでの通説から新たな人類の足跡をつなぐ展開を想定させる成果をあげている（Freidline *et al.* 2023）。今後も発掘調査および分析が継続されることにより、タムハーン洞窟およびタムパリン洞窟の様相がより明らかとなることが期待される。

（川島秀義）

仏像が静かに眠る洞窟

タムティン洞窟
ラオス・ルアンパバーン県

■ 第1章地図 LA-2

1　水辺の聖地

　タムティン（Tam Ting）洞窟はメコン川とウー川が合流する地点、メコン川右岸の切り立った石灰岩の岸壁に開口部を持つ洞窟で、上部洞窟と下部洞窟の2カ所の洞窟を指す。

　メコン川沿い、下部洞窟開口部直下に船着き場と階段が設置されており、下部洞窟は、船着き場から階段を上るとすぐに洞窟内部に入ることができる。ルアンパバーン県情報文化観光局が設置した案内板の説明によると、下部洞窟内に安置されている仏像は2,500体にもおよぶという。また、洞窟開口部付近には、洞窟の守護者として獅子の像も安置されている。

　船着き場から岸壁に沿って設置された急こう配の階段を下部洞窟からお

よそ60mほど上っていくと、岸壁中腹に大きな上部洞窟開口部に辿り着く。

　開口部には木製の扉をもつ大型の門が設置されており、扉上部の間草部分や欄間部分には細かい木彫が施されている。また、門の扉両脇の壁面には、漆喰を用いた立体的な装飾も施されている。

　ルアンパバーン県情報文化観光局が設置した案内板の説明によると、上部洞窟は下部洞窟とは異なり、洞窟内部の奥行きは54mにおよび、下部洞窟同様に洞窟内部には、数カ所に分かれて多くの仏像が安置されている。また、仏像のほかに、小型の仏塔や水掛儀礼の際に用いられるナーガ（蛇神）を模した木製の配水設備なども観察できる。

上部洞窟（上）・下部洞窟（下）の入口

2　信仰の場・観光の場

　前述したようにタムティン洞窟内部には多くの仏像が安置されており、かつて4月のラオス新年の時期にはランサーン王国の国王が参拝する儀礼の場でもあり、現在でもラオス新年には多くのラオス人参拝者が訪れる。ルアンパバーン県情報文化観光局設置の案内板には、以前は信仰のために上部及び下部洞窟を合わせると、4,000体以上の仏像が安置されており、その多くは木彫の仏像と樹脂で形作られた仏像であり、それらの仏像には黒漆や赤色の色漆、金箔が用いられていたと記載されている。

下部洞窟に安置された仏像群

　また洞窟内には、水が湧き出ている箇所があり、その湧水はラオス新年に行われる水掛儀礼の際に、聖なる水として用いられるという。

　一方、現在では観光の場としても活用されており、ルアンパバーンの街中心からタムティン洞窟へのメコン川観光船が運行されており、途中、酒造りで有名なサンハイ村に立ち寄り、その後、タムティン洞窟を観光するルートが確立している。また、サンハイ村やタムティン洞窟のメコン川対岸に位置するパークウー村まで陸路で移動し、タムティン洞窟に船で観光するルートもある。サンハイ村は酒造りのほかにも織物や陶器の窯跡が、パークウー村には美しい仏教寺院も残されており、メコン川の悠久の流れとラオスの穏やかな雰囲気を感じることができる。

3　岸壁に描かれた壁画

　タムティン洞窟上部の洞窟開口部には、仏教のモチーフと関係性があると考えられる赤色の壁画を確認することができる。一方、下部洞窟の開口部が面しているメコン川沿い岸壁面には、上部とは様相が異なる壁

上部洞窟の壁画

壁画が描かれた岸壁

人物と動物

鳥人

画、動物や人物の図像や、なかには鳥を模した人物の図像が確認できる。これらの壁画は、タムティン洞窟の対岸、メコン川に合流するウー川河口部の岸壁面で確認できる壁画と類似しており、その年代は先史時代までさかのぼる可能性が考えられる。

　現在、タムティン洞窟内は上部・下部ともに参拝しやすいように整地されており、上部は主に入口付近が、下部はほぼ全体が、セメント等で整備されており、上部・下部共に洞窟内の土壌堆積状況を確認することは難しい状況となっている。そのため確認することは難しいが、付近に先史時代に遡る可能性がある壁画が点在していることから、現在とは違った用途、先史時代の人々の生活空間として利用されていた可能性も考えられる。　　　（川島秀義）

豊かな動物種に囲まれた洞窟

ラーン・スピアン洞窟
カンボジア・バッタンバン州

■ 第1章地図 CA-1

　ラーン・スピアン（Laang Spean）は、バッタンバン（Battambang）州ラッタナックモンドル（Ratanakmundul）郡トゥレン（Treng）町プノム・テアック・トレアン（Phnom Teak Treang）にあり、カンボジア北西部のカルダモン山脈東麓から西に広がる標高100〜110m前後の丘陵地に位置する石灰岩丘中の洞窟遺跡である。1965年から1971年にかけてここを初めて調査したフランスの人類学者ローランド・ムーラとセシル・ムーラが上層から前期新石器段階の土器・石器片や埋葬遺構を、次いで下層からはホアビニアン礫石器群を発見したことで、段階的な文化発展が層位的に検証可能な遺跡として、加えて特にカンボジア初のホアビニアン遺跡の発見として一躍有名になった。

　ホアビニアン礫石器群とは、1920年代にベトナム北部ホアビン省などの洞窟遺跡で出土した片面加工を主体とする礫石器群であるが、土器を持たず

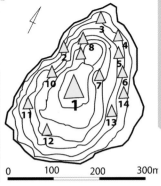

東南方向から見た石灰岩丘遠景（左）と14の洞窟位置（右、Sophady *et al.* 2016：fig.3d）

狩猟採集段階にあり、この時期を経て前期新石器時代へ移行すると理解されてきた。後に、更新世末から完新世前半にかけての東南アジア大陸部を特徴づける指標的石器群の総称となっている。

　ラーン・スピアン洞窟では長いカンボジア内戦期を経て、2009年からムーラ夫妻を含むフランスとカンボジアの国際共同チームによって再調査が実施された。その結果、多くの新しい知見がもたらされた。中でも従来知られていたよりも早い段階即ちホアビニアン期以前の文化層が検出され、その年代が今から71,000年前頃にまで遡る可能性が高いと発表された。今から3,500年前頃と捉えられている上層の新石器の埋葬遺構が洞窟内活動の最終段階と理解され、相当の長期にわたってここが人間活動の場であったことが明らかになっている（Forestier *et al.* 2015、Sophady *et al.* 2016、Zeitoun *et al.* 2012）。

1　ラーン・スピアン洞窟の地質

　ラーン・スピアン洞窟を擁する石灰岩丘はプノム・テアック・トレアンが正式名称で、プノムはカンボジア語で山を意味するが、その規模からみて本稿では「丘」もしくは「石灰岩丘」と記す。ラーン・スピアンはこの丘頂上にある洞窟の呼称だ。カンボジア語でラーンは洞窟をスピアンは橋を意味し、洞窟のアーチ状になった天井を橋に見立てて人々がこのように名づけたのだろうか。現在、丘そのものは東南アジア特有のフタバガキ系樹種の森林が発達し、一方で丘周囲の丘陵地はトウモロコシや低木の果樹等商品作物栽培のために広範囲で開拓が進んでいる。

洞窟内部
（2022年8月
撮影）

　洞窟形成過程は次のように詳解されている（Forestier *et al.* 2015）。まずラーン・スピアン洞窟の地質構造は古生代ペルム紀に形成された海洋性石灰岩層であり、この地域のカルスト化が始まった中生代ジュラ紀以降その過程で侵食されずに残った地形が現在このあたりではプノム（＝山）と言われている地形に該当する。次いで砂岩層の堆積や侵食が繰り返されたのち、更新世以降は洞窟内堆積物の化石化が進んだ。その後ラーン・スピアンでは、洞窟天井部が崩落し岩石が洞窟内に堆積するという経過を辿る。人間による洞窟内での活動が確認され始めるのは、天井崩落後の後期更新世末頃からでそれは完新世はじめにかけて続いたとされる。

　あらためて石灰岩丘と洞窟の規模を確認したい。丘は現在、南北方向に約500m、東西方向に約300m、高さ約60mの独立丘となっている。ここに大小合わせて14ある洞窟のうちの最大空間を持つのが、丘頂上に位置し南西に開口する所謂ラーン・スピアン洞窟だ。洞窟入口は丘の麓から約30m上がったところにある。洞窟内は天井が崩落している箇所もあり完全に閉じられた空間ではないが、奥行き約116m、最も広いところで幅約25m、そして床面から天井までの高さは約30mに達する（Sophady *et al.* 2016）。

2　埋葬遺構

　再発掘となる2009年から2015年までの国際共同調査では洞窟内中央部分で発掘が実施され、計75.5㎡の調査区から動物骨片5,701点（39.3％）、土器類4,168点（28.7％）、ビーズ類2,715点（18.7％）、ホアビニアン礫石器類1,016点（7％）等が出土したことが報告されている（Sophady *et al.* 2019）。

1cm

出土したホアビニアン礫石器 (Sophady *et al.* 2016：fig.14 を一部改変)

　埋葬遺構に注目すると、全 6 基検出され全て前期新石器時代のものである。いずれも明確な掘方は報告されていないが土壙に埋葬したと考えられ、南を頭位として南北軸に人骨が埋葬されている。南はこの洞窟の開口部方向でもある。6 基のうち 1 基は出土時点で屈葬、残りは両手を下肢の上に置いた状態で基本的に伸展仰臥葬が観察されている。解剖学的分析により、出土人骨 1 体については身長 170 ± 2.3cm の成人男性の可能性が極めて高い（Zeitoun *et al.* 2012）。この人骨は多くの土器（両膝骨の間および頭部からそれぞれ圏足付きで叩き目をもつ広口の甕形土器、頭部周囲に多くの土器片や圏足付きの鉢形土器など）、首飾り用に加工されたイノシシ科動物の牙、そして右手首骨近くから石斧が出土し豊富な副葬品を伴っていたことが理解される。この人骨は出土時に両膝骨が外側に向かって開いた状態だったが、圏足付き甕形土器の出土状況からみて元々は膝を立てその下に土器を置いて埋納されていたと推定された。人骨に残存していたコラーゲンの放射性炭素年代は 3,310 ± 29BP が測定された。調査で見つかった他の埋葬遺構でも人骨に伴って土器類（しばしば縄目等叩き目をもつ）、装飾品、石製品（磨製石器類）が共伴している。こうした遺物の型式学的な分類といくつかの年代測定結果を合わせて、ラーン・スピアン洞窟の埋葬遺構は前期新石器時代に属すもので、今から 3,500 年前頃に相当するであろうことが提示された。

3　ホアビニアンとそれ以前

　調査区では、埋葬遺構がしばしば下層のホアビニアンの文化層を攪乱する様子が観察された。単純に深さだけでは説明できないが、調査時の洞窟地表面からの堆積の深さは新石器時代がマイナス約60〜100cm前後、ホアビニアン期はマイナス約82〜190cm前後で、ホアビニアンの石器類とともに包含層に多く含まれたのが動物骨片である。動物・魚骨合わせてその種類は13目20科におよびスイギュウ、サイ等大型動物の他、サル、ウサギ、コウモリ、カメ、陸生

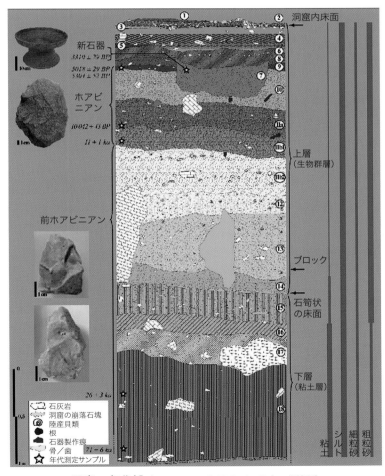

洞窟の年代観（Sophady *et al.* 2016：fig.12 を一部追記）

の貝類、ナマズ類等が確認され多くが食用対象であったと推察された。このホアビニアン期文化層は、採取された数点の炭化物の放射性炭素年代測定によって今から約 11,000 年前から約 5,000 年前という年代が与えられている。さらに調査時地表面からマイナス約 5 m まで掘り下げられた結果、最下層中からホアビニアン礫石器類とは石材も加工も大きく異なるフリントの石器類が出土した。人の活動を示す証拠であると同時に、両者の間の大きな技術変化が推察されている。石器類を出土した包含層 2 カ所の光ルミネッセンス年代測定は、それぞれ今から約 26,000 年前および約 71,000 年前という年代を提示した。このような最新のラーン・スピアンの見解は、他の東南アジア大陸部のホアビニアン期およびそれ以前の文化層との年代観とも矛盾するものではない。

4　調査成果の公開と普及教育活動

　現在、ラーン・スピアン洞窟の調査成果や出土資料の一部は、遺跡から車で約 1 時間離れたバッタンバン州都の州立博物館にて公開されている。同館は 1965 年に開館し、以前は展示品の多くをアンコール時代の石彫が占め、わずかに盗掘押収品などを通じて先史時代資料が展示される程度であった。ラーン・スピアン洞窟再発掘を契機として、2015 年にニューヨークの民間財団の支援によってカンボジア文化芸術省が博物館建物改修と展示の刷新に取り組み、洞窟の概要が広く知れ渡るところとなった。ラーン・スピアン洞窟がカンボジア先史時代研究の空白を埋める発見が相次いだ重要な遺跡であることは間違いないが、動物相からみた古環境復元研究や石器群の技術論的研究等が進展しており、東南アジア大陸部の旧石器から新石器時代の様相解明にも大きく貢献することが期待されている。

（丸井雅子）

バッタンバン州立博物館

洞窟は
今も祈りの場所

プラサート・プノム・
チュンゴーク洞窟
カンボジア・カンポート州

■ 第1章地図 CA-2

　プラサート・プノム・チュンゴーク（Prasat Phnom Chhngok）は、カンボジア南部のカンポート（Kampot）州ケップ（Kep）郡にある標高約80ｍの石灰岩山プノム・チュンゴーク（チュンゴーク山）中腹にある洞窟遺跡だ。海岸線まで約9kmのこの山の周辺は、東側には丘陵が続き、南西方向には標高10ｍ前後の平地が広がり水田耕作が行われている。

　洞窟内にはレンガ積の祠堂が築かれている。この祠堂の存在は既に19世紀末頃にはフランス人研究者によって知られるようになり、発見された刻文史料に基づいて6世紀末から7世紀初頭にシヴァ神を奉じて建立されたと解釈されている。洞窟遺跡の名称となっている「プラサート」は聖なる場所や寺院を意味するカンボジア語で、特にレンガや砂岩等で建造された歴史上の建築や場所に対して使用されている。「チュンゴーク」は「前傾した〜」、「前

カンポート州に多くある
石灰岩山のひとつ
（2015 年撮影）

かがみの〜」という状態を意味するが、そのように名付けられた由来は不明
である。

1 鍾乳石に覆われた祠堂

　チュンゴーク山麓から洞窟まではセメント製の階段と手すりが整備され、

ここを訪れる人が少なくな
いことが推察される。山の
中腹にある洞窟入口に立ち
眼下の薄暗い洞窟内に目を
凝らすと、天井からたっぷ
りと垂れ下がる鍾乳石が白
く浮き上がって見えてく
る。その鍾乳石に覆われる
ように赤褐色の祠堂が見え
隠れしている。入口から
階段を 15m ほど降りると、
洞窟の床面に着く。内部空
間はかなり広く床面積も狭
くない。洞窟の右手壁際に
沿って 1 基の祠堂が残る
が、もともと方形として設
計された祠堂の壁の一部は
洞窟の岩壁や鍾乳石を取り
込んでいる。

洞窟の入口（2015 年撮影）

洞窟内の岩壁を利用した祠堂　　　　　祠堂内のリンガとヨニ

　この祠堂は、カンボジア古代史の中ではアンコール朝に先立つ時期の建築様式や意匠を備えることが指摘されている（Bruguier 2009）。また、この洞窟内から発見された石碑に刻まれた銘文は6世紀末から7世紀初頭頃建立のシヴァ神に捧げられた寺院建築であると理解されている。シヴァ神に捧げられたことは銘文からだけではなく、実際に祠堂内に鎮座するリンガとヨニの存在からも明らかである。

2　土着の信仰と習合したリンガ

　シヴァはヒンドゥーの神の一つで、破壊と再生を司る。インドでは古代より男根崇拝と結びつき、生殖・生産の偉大な神ともされてきた。このようなシヴァの一面がリンガ（男根）によって象徴され、リンガそのものの形で崇拝されるようになる。このリンガと結びついて信仰の対象とされてきたのが女性性器（ヨニ）で、台座としてのヨニにリンガを挿し込むように両者は造形される。

　チュンゴーク洞窟祠堂内に祀られているリンガとヨニをよく観察すると、リンガは洞窟内の自然の岩を利用してその場で加工され、そこに別の石で作ったヨニをリンガにはめ込んでいることがわかる。このようなリンガに見立てた自然岩（石）を取り囲むように建てられた古代の祠堂はカンボジア国内でいくつか確認されており、カンボジアの民族学者アン・チュリアンは「土着の精霊信

仰と外来の信仰（インド由来のシヴァ神信仰）との習合」と捉えている。現在のカ
ンボジアでは、ネアク・ターという精霊信仰が特に地方社会では一つの生活文
化として根付いており、精霊が宿るモノとして木や石なども含まれる。こうし
た現代の慣習と照らし合わせ、信仰習合の可能性が提示されている。筆者がこ
こを調査した2015年時点で、チュンゴーク洞窟はカンボジアの史跡として指
定されていた。しかし、祠堂内のリンガやヨニには最近の奉納品が散乱し、信
心によってここを訪れた人たちの信仰実践をうかがい知ることができた。

3　カンポート周辺の洞窟遺跡

　カンポート州内には多くの石灰岩山があり、その山中にはほぼ同時期の祠
堂の存在が確認されている。クチョン山の洞窟遺跡は、チュンゴークの洞窟
と比べると内部の広さは5分の1程度で狭い
が、その中央に洞窟の岩壁ぎりぎりにレンガ祠
堂が1基建つ。調査時（2015年）は保護のために
祠堂内部には入ることができなかったが、ここ
を2009年に調査したブルギエは祠堂内に祀られ
たリンガを撮影している。そのリンガもやはり
チュンゴーク洞窟のリンガと同じように、洞窟
内の自然の岩を利用して加工されたものである。

　石灰岩山の洞窟は、カンボジア南部では古代
祠堂の場所として選定されてきたが、現在これ
らの山は石灰採取の山として
遺跡破壊の危険にさらされて
いる。カンボジア文化芸術省
が遺跡保存の様々な処置を
とっているものの、都市から
離れた山々は監視が行き届か
ない現状もある。政府や地方
行政が一丸となって早急な対
策が望まれるところである。

　　　　　　　　　（丸井雅子）

**プノム・チュンゴークから東へ約30kmの所に
あるプノム・クチョン（上）と洞窟内の祠堂（下）**

タイの洞窟遺跡

新田栄治

1 洞窟利用の変化

　東南アジアには大陸部、島嶼部を問わず、洞窟遺跡・岩陰遺跡が多い。特にタイではミャンマーとの国境に近いタイ北西部のメーホンソン県、マレー半島付け根のタイ西部のカンチャナブリー県、ベンガル湾岸の南部・クラビ県に主に分布する。これらの洞窟遺跡は、旧石器時代から新石器時代前期のホアビニアン（Hoabinhian）と呼ばれる時代の遺跡である。

　また、東北タイにも洞窟遺跡は存在するが、後6世紀以降のドヴァーラヴァティー時代の仏教遺跡として洞窟がよく使われている。洞窟遺跡の中には、後世になって仏教の信仰場になっているものもある。つまり、古くは居住、生活の場であったが、時代とともに洞窟の使い方は変化していき、宗教的な場へと変わっていったのである。

　なお、タイの先史時代を簡略に区分すると、70万年前〜前1万年が旧石器時代、前1万年〜前4000年がホアビニアン（新石器時代前期）（特徴のある打製石器が多い）、前4000年〜前1100年が新石器時代後期（土器を作り、磨製石器が主）、前1100年〜前450年が青銅器時代、前450年以降が鉄器時代である（新田2020）。

　では、発掘調査された学史的に重要な洞窟遺跡を時間順に見ていこう。

2 学史上の洞窟遺跡

（1）ランロンリエン岩陰遺跡（Lang Rongrien・TH-1）

　タイで先史時代の遺跡が調査されるようになったのは、エヴァンズ（I.H.N. Evans）が石器、土器について1931年に報じたのが最初である。ついでサラジン（Fritz Sarasin）が北部の洞窟遺跡の試掘を行ない、1933年に発表した（Sarasin 1933）。

　現在のところ最も古い洞窟遺跡は、後期旧石器時代のものである。マレー

半島西岸、クラビ県にあるランロンリエン岩陰遺跡がそれである（Anderson 1990）。旧石器時代の東南アジアは海面が低く、ベトナム・タイ・マレーシアに囲まれた現在のスンダ海は陸地となっており、大陸部とボルネオ島、ジャワ島、スマトラ島は陸続きであった。マレー半島西岸では現在よりも100km先に海岸線があった。

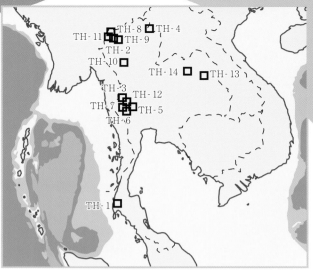

タイの洞窟遺跡分布図

TH-1：ランロンリエン岩陰，TH-2：ロット岩陰，
TH-3：サイヨーク洞窟，TH-4：プラ洞窟，TH-5：カオタルー洞窟，
TH-6：ヒープ洞窟，TH-7：メント洞窟，TH-8：ピィ（スピリット）洞窟，TH-9：バーン・ヤン洞窟，TH-10：パチャン洞窟，
TH-11：スティープ・クリフ洞窟，TH-12：オンバー洞窟，
TH-13：プーポー遺跡，TH-14：プー・プラバット遺跡

ランロンリエン岩陰遺跡では前38000〜前27000年ころに人が住んでいたあとが検出された。断続的に3回の居住が繰り返されているが、獲物を焼いたりした炉があり、その周囲に食料とした動物の骨や石器が集まっていた。海岸線は50〜100kmも遠く離れたところにあるため、魚や貝を取りに行くには遠すぎた。そのため海産食料資源をとって食べていた痕跡はない。石灰岩の浅い洞窟の中に少数の人々からなるグループが住みつき、炉を設けて、狩猟した動物や採集した植物質食料を調理していたようすがうかがえる。出土した石器は小型の剝片石器が主であるが、45点と少ないため、長期の居住地ではなく、一時的に居住するキャンプ地であったようだ。このような小集団が、狩猟採集をしながら移動生活を繰り返していたようだ。マレー半島では山間部に洞窟遺跡が多く、陸続きのマレーシアには多くの洞窟遺跡がある。

（2）ロット岩陰遺跡（Lod・TH-2）

タイ北西部、ミャンマーとの国境地帯であるメーホンソン県は、ミャンマー

へ続く標高650mの石灰岩からなる高原地帯であり、多くの洞窟がある。ロット岩陰遺跡は前24000年ころから前10000年ころまで断続して居住された遺跡である（Shoocongdej 2006）。森林地帯の中にあり、ミャンマー東部の大河・サルウィン河へ注ぐナムラン川の支流から250mのところにあるこの遺跡では、石器とともに、火で焼いて食べたあとの多数の焼かれた動物骨、淡水産貝殻やカタツムリが出土している。スイギュウ、イノシシ、シカ、各種のサル、鳥類、ネズミなど、大小各種の動物がある。森林と川の食糧資源を有効利用できる生活条件の良い立地にあったことを示す狩猟採集生活であった。出土した石器には、礫を使った石核や剝片石器などの後期旧石器時代の石器のほかに、ホアビニアンの典型的石器であるスマトラリス[1]やショートアックス[2]などの石器もあり、後期旧石器時代から新石器時代へ移行する時期の洞窟遺跡である。また、前12000年ころの人骨2体と前10000年ころの人骨2体が出土している。両脚を曲げた屈葬姿勢で埋葬されていた。現在タイで最も古いホモ・サピエンスの人骨である。前者は年齢25〜35歳、身長152cmほどの女性人骨であった。同様の人骨はロット洞窟近くのバーン・ライ岩陰遺跡（Ban Rai）からも1体の屈葬男性人骨が出土した（Pureepatpong 2006）。この遺跡は前7800年頃の洞窟遺跡で、ホアビニアン時代のものである。

（3）サイヨーク洞窟（Sai Yok・TH-3）

　タイでのホアビニアンの存在は、1931年に北タイ、チェンライ近くのプラ（Pra）洞窟（TH-4）で初めて確認された。ホアビニアンの遺跡の多くの調査は、西部のカンチャナブリー県にあるメクロン川上流のクワエ・ノイ川およびクワエ・ヤイ川流域と、北部のメーホンソン県で行なわれてきた。前者では60近くの洞窟が確認されている。タイで最初にホアビニアンの遺跡の発掘が行なわれたのは、クワエ・ノイ川上流左岸のサイヨーク洞窟である（Heekeren & Nielsen 1967）。デンマークとの国際共同調査であり、タイでは初めての外国との共同調査であったことから、学史的にも重要である。この地域に遺跡があることがわかったのは偶然の出来事からであった。アジア太平洋戦争のさなか、ジャワで日本軍の捕虜となり、泰緬鉄道建設[3]の強制労働に使役させられていたオランダ人考古学者、ヘーケレン（H.R. van Heekeren）は1943年に工事現場で拾った6個の石器を隠し持ち、戦後この地で発掘を行なうことになる[4]。

サイヨーク洞窟は中央の岩陰部分と左右大小2
つの洞窟から成り、それぞれの区域が発掘され、
ホアビニアンから後期新石器時代以降の層まで、
幅広い年代の堆積層が重なっていることが明らか
になった。1960年の発掘により、4m以上の堆積層
から、川原礫を加工した典型的なホアビニアンの
打製石器であるスマトラリス、ショート・アックス、
チョッパー、ピックなどのほか、食料であった淡
水産貝殻、イノシシ、スイギュウ、サイなどの骨
が出土した。また、骨を使った錐などの骨器もあ
る。石器には狩猟具はないが、大形狩猟獣の骨が

サイヨーク洞窟遺跡の
発掘報告書

出土しているので、木製の槍などを使ったり、わなによる狩猟を行なってい
たのだろう。さらに淡水魚をとり、植物採取を行ない、洞窟を住処とする生
活をしていた。また、墓も発見された。出土した埋葬人骨は赤い土（ヘマタ
イト）で覆われていた。ヘマタイトは熱帯では赤土としてふつうにみられる
ものであり、遺体にヘマタイトをかける風習は、東南アジアの新石器時代の
埋葬ではよくみられる現象である。サイヨーク遺跡の推定年代は前10000〜
前8000年である。タイの例ではないが、ホアビニアン時代の埋葬例として、
マレーシア北部ペラ州・グヌン・ルントゥー（Gunung Runtuh）洞窟（MA-2）
の注目すべき例がある。前10000年ころと推定される「ペラ・マン（Perak
Man）」と名付けられた現生人類のほぼ完全な人骨が出土した。この人骨は
体の左側の骨が発達しない遺伝的疾患を患いながら、45歳まで生きた男性
であった。墓坑内に石をしきつめて床を作り、その上に屈葬されていた。さ
らに3,700個以上のカタツムリの殻で墓坑を縁どり、墓坑内部には石器、魚
や肉を収めていた。高齢になるまで身体障害をもつ人を扶養し、埋葬儀礼を
行なった稀有な例である。あるいはシャーマン的な、特別な機能を持った人
物であったのだろうか。

　ホアビニアンの人々が、自分たちの周囲にある広範囲の食料資源を極め
て有効に利用した生活をしていたことは、スリン・プーカチョン（Surin
Pookachorn）によるクワエ・ノイ流域の洞窟遺跡の調査によっても明らかに
されている（Pookachorn 1988）。彼が発掘したカオタルー（Khao Talu）洞窟

（TH-5）からは、ホアビニアンの石器とともにシカ、イノシシなどの動物骨、淡水魚の骨、貝殻、カニなどのほかに、食用や油採取用、薬用の植物をはじめ、多種類の植物の種子が出土している。同じ状況は同様にスリンが発掘したヒープ（Heap）洞窟（TH-6）やメント（Ment）洞窟（TH-7）などでも確認された。これらの洞窟に住んでいた人々は自分たちの周囲にある植物についての豊かな知識をもち、食料資源としてだけでなく、油をとったり、薬用にしたりと、周囲の自然環境を上手に利用した生活を送ることによって、環境に適応していた。

（4）スピリット洞窟（Spirit・TH-8）

　ミャンマーと国境を接するメーホンソン県は、洞窟遺跡が多い地域である。ここに、世界最古の農耕革命がおきた遺跡として、1970年代に有名になった洞窟遺跡がある。タイ語地名・ピィ（Pie）洞窟[5]の英訳であるスピリット洞窟として有名な洞窟遺跡は、コン川に落ちる急傾斜地に位置する、切り立った石灰岩の独立岩の中腹にあいた洞窟遺跡である。前9000～前5500年に居住されていた。現状では急傾斜の地表面からはかなり高いところにあり、農耕適地にはまったく見えない。この遺跡は、ハワイ大学のソールハイム（W.G. Solheim）がホアビニアンの時代に蔬菜を主とする初期的な農耕が行なわれていたことを証明する遺跡だと主張したことがあった（Solheim 1972）。発掘者のゴーマン（C. Gorman）は、ふるいを使って土の中に残されていた細かな動物骨や植物の種子を検出した（Gorman 1971）。検出された動物ははるか下方のコン川から獲った魚、貝、カニのほか、森林に棲むシカ、イノシシ、サル、アナグマ、イノシシなどの大小の動物があり、森林に適応した狩猟採集を行なっていたことがわかる。かつて前9000年ころの栽培種の蔬菜類の種子と判定されたさまざまな植物種子や野生植物の種子が出土しているが、その後の研究によって栽培種であることは否定されてしまい、ソールハイムの主張も泡と消えた。これらの種子はつぶされており、食用部分を取り出したようである。また有毒のバターナッツとトウダイグサもあるが、サルなどの樹上動物の狩猟のための毒矢に塗る毒を取るためであった。クワエ・ノイ川流域の諸遺跡とおなじく、森林産物に対する高度な知識をもった人々が、広範囲の食料資源を有効に活用した生活を送っていた。

　ゴーマンはメーホンソン県でバーン・ヤン（Ban Yang）洞窟（TH-9）、パチャ

ン（Pa Chan）洞窟（TH-10）の発掘も行ない、ピィ洞窟と同様の結果を得た。スティープ・クリフ（Steep Cliff）洞窟（TH-11）（前5500～前3500年）は大形狩猟獣の解体処理場であった。この遺跡では野牛、スイギュウ、サンバルシカ、ホエジカ、イノシシ、カメなどたくさんの獣骨が出土しており、しかも、これらの骨は砕かれて、焼かれており、大量の灰が残っていた。この洞窟が、狩猟した動物を解体処理して、乾燥させるための場であったことを推定させる。狩猟、解体処理、乾燥（あるいは燻製）して運搬・消費をたやすくする一連の食肉加工場をもっていたことになる。

3　洞窟における葬送と信仰

　以上のように、洞窟に住んでいたホアビニアン時代の人々は、自分たちの周囲の自然環境に適応し、さまざまな知恵を持ち、豊かな経験を積んだ人々であったといえるだろう。

　洞窟は墓地としても使われた。1997年に筆者がメーホンソン県の洞窟遺跡を踏査したとき訪れたピィ洞窟近くの洞窟内には、棺とされた多くの川舟が安置してあった。舟棺の内部には埋葬された遺体が残っていた。真っ暗な空間は、まさに舟に乗って黄泉の国に出かけるのにふさわしい場であろう。この地域に住む人々の近い祖先たちの一大舟棺葬の洞窟墓地であった。

　洞窟が墓地として使われた例は、古くからある。そのような例として、クワエ・ヤイ川流域にあるオンバー（Ongbah）洞窟（TH-12）は重要である（Sørensen 1988）。この洞窟内には木棺が安置されていた。鳥の頭の形をした飾りがつき、鳥の胴部が遺体を収める部分である。舟形棺と鳥が一体化した形をしている。死者の魂は鳥に乗って冥界に行くという観念があるが、まさにそれを鳥形棺として表象したといえる。さらに棺の周囲には、ソレンセンが調査した時点では5点の1式銅鼓が副葬してあった[6]。銅鼓のまわりには、鍾乳洞にみられる石灰岩が水に溶けて生じた石筍があったことから、長い時が経過していることがうかがえた。

　オンバー洞窟からみつかった銅鼓とは、中国雲南省西部（大理地区）で前5世紀に創出された青銅製の大型の片面太鼓である。前4世紀ころから雲南省東部とベトナム北部とのふたつの鋳造センターがあり、これらの地域から中国南部と、フィリピンを除く東南アジア全域に広がり、各地の有力者の権威

と富の象徴として受け入れられた（新田2007）。また、雲南、ベトナム以外の地でも鋳造されるようになった。それほど人気のあった品物である。オンバー洞窟の銅鼓は、後1世紀ころに作られた作りの良い銅鼓である。おそらくベトナム北部で作られた優品であろう。鳥形棺に葬られ、5つ以上の銅鼓を副葬されたこの人物は、この地域の有力者としてあがめられていた人物であっただろう。はるか遠くのベトナムで作られ、タイ西部の山間部まで持ち込まれた、しかも5個をうわまわる数の優品銅鼓は、この地域の豊かな過去を物語るものである。鉄器時代から初期国家形成期のこのころ、タイ西部はインドとの交易が繁栄を迎える時期であり、重要な地域として繁栄していたからこそ、この人物は多くの銅鼓を手に入れることができたのだろう。この時代には洞窟は居住の場ではなく、死後の世界の場へと変わっていた。

　その後、洞窟は信仰の場へと変化する。東北タイでは後5世紀ころまで、東南アジア大陸部の埋葬伝統であった土器棺葬が続いた。前3世紀ころからの二次葬による頭骨のみの土器棺葬から、横置き土器棺葬へと変化してきた。その後、後6世紀ころになってインドやミャンマーからの影響のもと、仏教信仰がタイに浸透してくると、火葬が広まってくる。同時に礼拝の対象物として、仏足[7]が、さらに仏像が現れる。この時代をドヴァーラヴァティー時代（Dvāravatī）という。

　タイ西部や東北タイには、ドヴァーラヴァティー時代の仏教遺跡や都市遺跡が多くある。特に東北タイでは岩壁や岩陰に仏像を彫刻して、礼拝の対象とした遺跡が存在する。東北タイの中央部に位置するカラシン県、プーポー（Phu Po）遺跡（TH-13）には岩陰の岩壁に彫られたブッダ涅槃像がある。ドヴァーラヴァティー時代の仏像であり、今でも東北タイの人々の信仰の聖なる場として多くの人々が訪れる。また東北タイの北部、ウドンタニ県の大規模な森林部仏教の遺跡であるプー・プラバット（Phu Prabat）遺跡（TH-14）でも、岩陰に仏像を彫刻したり、仏像を安置したりしている。洞窟や岩陰が持つ独特の雰囲気、仏教の聖地、信仰の場として現代にまで通じる

プーポー遺跡のブッダ涅槃像

意味を持つようになったのだろう。日本の佐世保市の洞窟遺跡でも、洞窟の中に神社が建立されていたりするのと同じ心理現象なのではないだろうか。

　洞窟は旧石器時代以来、現在に至るまで、生活の場、死後の場、信仰の場と性格を変えながら、タイの人々にとって重要な役割を果たしてきた。現在では、さらに洞窟探検の場として観光の場としての役割も付加されている。

註

1)　Sumatralith。礫の片面を加工しているが、もう一方の面に原礫面を残した楕円形の打製石器。

2)　short axe。礫の短軸から半裁し、刃を加工した打製石器。

3)　アジア太平洋戦争中、日本軍がタイ―ミャンマー間の軍用鉄道として 1942 年 6 月着工、1943 年 10 月完工。多数の連合軍捕虜、多数の「ロウムシャ」(タイ、ミャンマー、マレーシア、インドネシアからの労働者)を動員した過酷な突貫工事のため、10 万人を超える多数の死者を出した。吉川 1994 参照。

4)　これらの石器は、ハーバード大学ピーボディー博物館にある。

5)　「ピィ」とは、タイ語で「幽霊」とか「おばけ」の意味である。洞窟内が真っ暗闇で、幽霊が出そうな雰囲気だからそのような名前になったのだろう。

6)　オンバー洞窟は付近の住民たちが出入りしており、副葬品の銅鼓の一部が持ち出されたことがわかっている。そのため埋葬時にあった副葬品の種類と数は不明である。

7)　初期仏教では偶像崇拝は禁じられた。そのため、ブッダの足の裏を形象したもの、「仏足」を礼拝の対象とした。タイでは「ブッダ・パダ」という。その後、仏像が作られ、礼拝されるようになった。

引用・参考文献

新田栄治　2007「周縁型銅鼓の製作と流通」青柳洋治先生退職記念論集編集委員会編『地域の多様性と考古学 ― 東南アジアとその周辺 ―』雄山閣出版、pp.75-86

新田栄治　2020「タイの先史時代」『タイ史』世界歴史体系、山川出版社

吉川利治　1994『泰緬鉄道』同文館出版

Anderson, D. 1990. *Lang Ronrien Rockshelter: A Pleistocene, Early Holocene Archaeological Site from Krabi, Southwestern Thailand*. The University Museum, University of Pennsylvania.

Gorman, C. 1971. Hoabinhian and After: Subsistence Patterns in Southeast Asia during the late Pleistocene and Early Recent Periods. *World Archaeology* 2, pp.300-320.

Heekeren, H.R. van and Nielsen, E. 1967. *Archaeological Excavations in Thailand, Vol.1, Sai-Yok*. Munksgaard, Copenhagen.

Pookachorn, Surin 1988. *Archaeological Research of the Hoabinhian Culture or Technocomplex and its Comparison with Ethnoarchaeology of the Phi Tong Luan, a Hunter-Gatherer of Thailand*. Institut fur Urgeschichte der Universität Tubingen, Tubingen.

Pureepatpong, Natthamon 2006. Recent Investigation of Early People (Late Pleistocene and Early Holocene) from Ban Rai and Tham Lot Rock Shelter Sites, Pang Mapha District, Mae Hon Son Province, Northwestern Thailand. E.A.Bacus, I. Glover and V.C.Pigott eds. *Uncovering Southeast Asia's Past* 38-45, National University of Singapore Press.

Sarasin F. 1933. Prehistoric Researches in Siam. *Journal of the Siam Society* 26-2, pp.171-202.

Shoocongdej, Rasmi 2006. Late Pleistocene Activities at the Tham Lot Rockshelter in Highland Pang Mapha, Mae Hong Son Province, Northwestern Thailand. E.A. Bacus, I. Glover and V.C. Pigott eds. *Uncovering Southeast Asia's Past* 22-37, National University of Singapore Press.

Solheim, W.G. 1972. An Earlier Agricultural Revolution. *Scientific American* 226, pp.34-41.

Sørensen, P. 1988. The Kettledrums from Ongbah Cave, Kanchanaburi Province. Sørensen, P. ed. *Archaeological Excavations in Thailand, Surface Finds and Minor Excavations* 95-156. Scandinavian Institute of Asian Studies Occasional Papers, No.1, Copenhagen.

泰緬鉄道と洞窟

たいめん

| クラセー洞窟
タイ・カンチャナブリー県
■ 第1章地図 TH-19

1　泰緬鉄道

　太平洋戦争末期、日本の海軍力が著しく低下し、マラッカ海峡を経由する海上輸送路の安全確保が難しくなった。そのため、陸路でビルマ戦線に物資を補給するために、日本軍は、泰緬鉄道（泰緬連接鉄道）を建設した。

　1942年6月、ビルマ側のタンビュッザヤ、7月、タイ側のノンプラドックから鉄道建設が開始され、連合国捕虜のイギリス人、オーストラリア人、オランダ人、アメリカ人、そして、現地労働者のタイ人、ミャンマー人、マレーシア人、インドネシア人等が従事した。第30回アカデミー賞受賞作品『戦場にかける橋』（監督デビッド・リーン／脚本カール・フォアマン、マイケル・ウィルソン／原作ピエール・ブール／1957年公開）は、クワエ・ヤイ川（当時の名称はメー

＊UAVでの空撮は、現地法令を遵守し、また、NTBC（国家通信放送協会）及びCAAT（民間航空局）に登録した機体及び操縦者（執筆者）で実施した。

アルヒル桟道橋とクラセー洞窟遠景（UAVによる撮影）

クロン川）にかかるクワエ川鉄橋の架橋を題材として、鉄道建設の困難さとその過酷な労働、そして、日本軍と捕虜の対立と交流を描いた作品である。鉄道建設では、40〜50万人が動員され、その約半数が死亡したという説もあり、とりわけ、ヘルファイアー・パス、アルヒル桟道橋等の難所では、多くの死者を出し、「死の鉄道（The Death Railway）」と呼ばれることになる。

2　ヘーケレンによる前期旧石器の発見

オランダ人考古学者ヘンドリック・ロバート・ファン・ヘーケレン（Hendrik Robert van Heekeren）は、1902年、オランダ領東インド諸島のジャワ島で生まれ、インドネシア先史時代の研究者であった。太平洋戦争中、蘭印に侵攻

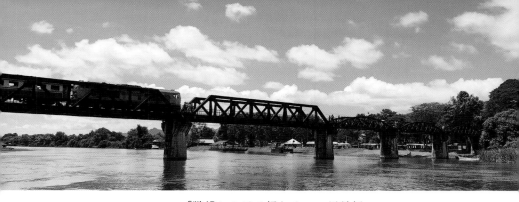

「戦場にかける橋」クワエ川鉄橋

した日本軍の捕虜となり、1943年2月から1944年3月までタイ・カンチャナブリー県の泰緬鉄道建設に従事することになる。

　泰緬鉄道の線路は、クワエ・ノイ川の東岸を切り通したことで、考古学的には、長大なトレンチを掘削したことになり、ヘーケレンは、偶然、線路の砂利の中から、また、ワンパオ駅近くの洞窟、バンカオ駅の近くの建設現場から礫器数点を発見することになった。

　1943年10月、全長415kmの全線が開通し、1944年4月に開始されたインド国民党軍とのインパール作戦できわめて重要な兵站を担ったものの、戦況が悪化し、1945年8月、日本軍が降伏した。

3　タイ・デンマークの先史時代探検プロジェクト

　戦後、ヘーケレンは、日本軍に接収されたこれらの資料をハーバード大学のハラム・レオナルド・モビウス（Hallam Leonard Movius）に送付した。

　モビウスは、1948年、「モビウスライン」といわれる前期旧石器時代における東西文化圏に関する仮説を提唱することになる。これは、アフリカ・ヨーロッパ・インドに広がるアシュール型とその後のルヴァロワ技法からなるハンドアックス文化圏、東南アジア・東アジアのオルドワン型のチョッパー・チョッピングトゥールの文化圏の2つに石器の分布が大きく分かれるというものであった（現在この仮説は支持されていない）。

　ヘーケレンが泰緬鉄道の建設現場で発見した資料は、モビウスによって、750,000〜25,000年前の礫器と結論付けられ、ヘーケレンは、1947年 "The Illustrated London News" に記事を発表した。

| 洞窟正面 | 洞窟内に安置された仏像 |

　1956 年、タイ政府美術局とハーバード大学のカール・G・ヘルダー（Carl G Helder）らのチームは、ヘーケレンの足跡を辿り、バンカオ駅からターキレン駅にかけての一帯を踏査し、バンカオ準郡の 8 つの地点で多くの石器を発見した。これを踏まえて、1960〜1962 年、タイ・デンマークの先史時代の探検プロジェクトが実施され、クワエ・ノイ川、クワエ・ヤイ川流域では、数多くの石灰岩洞窟が確認され、これらのうち、チャンデ（Chande）洞窟、サイヨーク（Sai Yok）洞窟、カオマ（Khao Ma）洞窟、オンバー（Ongbah）洞窟、ケーンラワ（Kaeng Lawa）洞窟、ロープ（Roop）洞窟（別名カオキエウ（Khao Khiew））、そしてクラセー（Krasae）洞窟等の遺跡が発見された。

4　泰緬鉄道の遺産

　戦後、シンガポールの地政学的地位が低下することを望まないイギリスによって、ビルマ側の全線とタイ側の 2/3 の鉄路が撤去され、現在、タイ国有鉄道によって、バンコク・トンブリー駅からナムトック・サイヨーク・ノイまでが運行されている。この終着駅には、戦時中の日本製蒸気機関車 702（三菱重工業製・1935 年）が展示されている。また、泰緬鉄道建設の難所の一つであるアルヒル桟道橋は、別名タム・クラセー桟道橋と呼ばれるとおり、その途中にクラセー洞窟がある。クワエ・ノイ川の崖線に沿うように長さ 400 m、高さ 10 m の褶曲する軌道は、木造橋に支えられ、川に迫り出していることから、汽車の脱線、転落が相次いだ。クラセー洞窟は、ヘルダーらに発見された洞窟遺跡であるとともに、そこには仏像が安置され、現在、鉄道建設に伴う犠牲者の鎮魂のために祈りを捧げる場となっている。　　（徳澤啓一）

描かれた狩りや 舞いなどの表現

カオチャンガム洞窟

タイ・ナコンラチャシーマー県

■ 第 1 章地図 TH-15

1　洞窟壁画

　洞窟や岩陰の壁面や急峻な崖面などにおいて、文字や壁画が残されている。文字がなかった先史時代の壁画に関しては、人・動物・植物・器物などの造形、狩猟・漁労・採集、そして、栽培・飼育などの場面、習俗・習慣・儀礼などの場面が描かれており、人類の初期芸術、また、人類の生活や文化的側面などの記録として、芸術的・歴史的な価値が見い出されている。

　また、壁画の表現としては、対象形を基調としており、オブジェクトが連続したパターンとなっている。赤色はヘマタイト（赤鉄鉱）、黒色はカーボン（炭）、白色はカオリナイト（陶石）などが用いられ、植物・動物などの脂分を膠着材として、岩壁に顔料を定着させている。

＊ UAV での空撮は、現地法令を遵守し、また、NTBC（国家通信放送協会）
及び CAAT（民間航空局）に登録した機体及び操縦者（執筆者）で実施した。

チャンガム山からコラート高原（ナコンラチャシーマー）**方面を望む**（UAV による撮影）

現地に復元された壁画

キノコ状の奇岩に描かれた壁画の正面

タドゥアン洞窟
（縮尺不同）

パデーン洞窟／ムェデーン洞窟
（縮尺不同）

2　浸食された奇岩地形と壁画

　カオチャンガム（Tham khao Chan Hgam）洞窟は、ナコンラチャシーマー県シーキオ郡ラットブアカオ準郡ルートサワット村（Baan Lut Sawat）に所在する。東北部と中央平原の境界となるコラート高原の西端、また、ペッチャブーン山脈に連なるドンパヤーイエン山脈の北端に位置し、コラート高原からラオス国境を流れるメコン川に合流するムン川の源流地帯にあたる。

　洞窟が位置するチャンガム山は、1億4,000万年前、河川掃流で堆積したコラート層群プラウィハーン層が隆起し、その後、プラウィハーン層の砂岩を河川が下刻し、樹枝状の支谷が形成された。そして、支谷の柔らかい砂岩層下部が側方に浸食され、高さ6mのキノコ状の奇岩地形が形成された。

　壁画は、キノコの柄の付け根の部分に描かれている。推定3,000～4,000年前とされ、左端には、イヌを連れた人物が弓で矢を放った狩猟の様子が描かれている。中央には、頭部に冠のようなものを戴いた人物が杖をもち、その前後には、踊りに伴う手振りの動きを見せる人物が列をなしている。

　このように、同じ岩壁の中に複数の題材や飛び地的なモチーフが見られ、異なる岩体の壁画とともに、これらの一体性などを検討する必要がある。

3　さまざまな壁画の表現

タドゥアン洞窟（Tham Ta Duang・TH-16）

　推定2,500～3,000年前。カンチャナブリー県ムアン郡チョンサダオ準郡タートゥンナ村（Baan Tha Thung Na）のカオワンクラ山に所在する。

　人物が行列をなしている様子であり、雨乞いなどの儀式、あるいは、葬礼などの場面という説がある。また、右端の吊り下げられた「円形」は銅鼓、左側の吊り下げられた「長方形」は棺あるいは銅鼓という見方がある。

パテェーム洞窟の壁画（縮尺不同）

パテェーム洞窟 （Tham Pha Taem・TH-17）

　推定 2,000～3,000 年前。ウボンラチャタニー県コーンチアム（Khong Chiam）郡フアイパイ（Huai Phai）準郡のパテム国立公園内に所在する。

　パカム（Tham Pha Kham）、パテム（Tham Pha Taem）、パモンノイ（Tham Pha Mon Noi）、パモン（Tham Pha Mon）の 4 群の壁画のグループがあり、このうち、パテムの壁画を見ると、左側に象と小象が描かれ、左端から右側にかけて、魚や漁具の筌、中央に亀が描かれており、メコン川での淡水魚労の様子と考えられる。また、パモンノイには、弓矢を引く狩猟図が描かれている。

パデーン洞窟／ムェデーン洞窟 （Tham Pha Daeng / Tham Mue Daeng・TH-18）

　推定 2,500 年前。カンチャナブリー県シサワット郡ダンメーチャレブ準郡ポンワイ村（Baan Pong Wai）に所在する。

　人物が横一線に並んでいる様子であり、儀式や儀礼の場面と考えられる。人物の頭、肩、腰に装飾があり、左端の人物の装飾が最も豊かである。上段には、右端に動物、左端に動物の輪郭が描かれている。

4　壁画の多様性と共通性

　タイでは、先史時代に土地利用された洞窟が数多く発見されているものの、銅鼓の存在が示唆されるタドゥアン洞窟のように、金属器時代の所産と考えられるものも少なくない。また、生業や儀礼・儀式の様子が題材の多くを占めると考えられ、壁画上の人や動物などの表現は、地域を越えて類似したモチーフや構図が描かれている。タイの洞窟絵画に関しては、1912 年に刊行されたラジョンクイエールとエドモンドによる集成（Lajonquière and Edmond 1912）、1999 年に制作されたパチャリー・サリブトル（Patcharee Saributr）氏の Web サイト（http://www.era.su.ac.th/RockPainting/index.html）などに詳しい。

（徳澤啓一）

東南アジアで最も美しい洞窟

プラヤナコーン洞窟
タイ・プラチュワップキーリーカン県

■ 第1章地図 TH-20

1 カオ・サームローイヨート国立公園 (Khao Sam Roi Yot National Park)

　カオ・サームローイヨート国立公園（以下、「国立公園」という）は、タイ南部のプラチュワップキーリーカン（Prachuap Khiri Khan）県に位置し、1966年、タイで最初に登録された、約100㎢に及ぶ広大な海洋国立公園である。

2 王を魅了した洞窟

　国立公園の名称は、カオ・サームローイヨート、すなわち「300の山の頂」という意味に由来するとおり、国立公園は、300の石灰岩の山塊とその麓に広がるタイ最大の淡水湿原、そして、マングローブ林が群生する汽水域の塩性湿原、タイ湾の海域から構成されている。

プラヤナコーン洞窟は、遠浅の海岸線に臨むバーン・プー村（Baan Pu・「蟹が棲む村」という意味）から石灰岩丘陵の中腹をトレッキングし、レムサラ（Leam Sala）海岸まで出る必要がある。その後、レムサラ海岸から急峻な段丘崖を登坂することで、洞窟の入口に辿り着くことができる（トレッキングコースの入口には、高齢者・子どもの入域を禁止するという掲示があるものの、近隣の海岸からボートでレムサラ海岸に直接着岸する場合はその限りではない）。

なお、国立公園内でのUAVの飛行が禁止されており、サムローイヨード海岸から離陸したUAVがバーン・プー海岸の沖合（国立公園域外）から撮影した。

＊UAVでの空撮は、現地法令を遵守し、また、NTBC（国家通信放送協会）及びCAAT（民間航空局）に登録した機体及び操縦者（執筆者）で実施した。

洞窟がある岬に連なる丘陵（UAVによる撮影）

　国立公園の中の文化遺産としては、「東南アジアで最も美しい洞窟」の一つとされるプラヤナコーン洞窟（Tham Phraya Nakhon）とその洞窟内に建立されたクーハーカルハット宮殿（Khuha Kharuehat pavilion）が有名である。

　プラヤーナコーン洞窟は、1800年代初頭、ナコンシータマラートのプラヤナコーンが発見し、1890年、チュラロンコーン王（ラマ5世）が行幸し、その記念として、クーハーカルハット宮殿が建立されている。

　その後、プラチャーティポック王（ラマ7世）、そして、先王のプーミポン・アドゥンヤデート王（ラマ9世）の歴代国王が行幸したことにより、現在、王室ゆかりの歴史遺産に位置付けられている。

差し込む光に輝く
クーハーカルハット宮殿

描かれた王の紋章
右がラマ5世の紋章「ジョーポーロー」、
左がラマ7世の紋章「ポーポーロー」である。

「死の橋」
石灰岩の山塊を地下水が浸食し、そこに
できた地下空間に地表が陥没し、地下空
間の天井が橋状に残存した天然橋である。

3 国立公園内の洞窟壁画

　クーハーカルハット宮殿の右側の岩体の壁には、行幸の記念として、ラマ
5世の紋章「ジョーポーロー（Jor Por Ror）」とラマ7世の紋章「ポーポーロー
（Por Por Ror）」が描かれている。

　また、国立公園内には、ケーウ洞窟（Tham Kaew）、サイ洞窟（Tham Sai）、カオデー
ンポーキュパイン洞窟（Tham Khao Daeng Porcupine）等の多数の石灰岩洞窟が
所在している。当然のことながら、これらの洞窟群では、先史時代にさかの
ぼる人類の洞窟利用が想定されてきた。文化省美術局の考古学者であるカ
ンニカー・プルームジャイ（Kanniga Premjai）らは、未発見の洞窟を含めて、
約40の洞窟の調査を実施してきた。2016年には、バーンプーノイ洞窟（Tham
Baan Pu Noi）において、幅約7mにわたる壁画を発見しており、今後、国立
公園内の洞窟とその壁画の内容が明らかになることが期待されている。

　バーンプーノイ洞窟の壁画は、風化による剥落が激しいものの、他地域と
同じように表現された人物や動物、弓矢による狩猟等の場面が描かれており、
現時点では、2,000～3,000年前の所産と考えられている。　　　（徳澤啓一）

青柳洋治と
フィリピンの洞窟遺跡

田中和彦

　ここでは、まず故・青柳洋治（上智大学名誉教授）の略歴を紹介し、フィリピンの洞窟遺跡調査におけるそのパイオニア的足跡（3 カ所の洞窟遺跡の発掘調査と第 1 回東南アジア先史学・考古学セミナーへの参加）を紹介したい。青柳洋治は、上智大学大学院文学研究科史学専攻修士課程修了後、1969 年 9 月より 3 年余、フィリピン国立博物館のフォックス（Fox）の下で調査、研究に従事。帰国後、上智大学文学部史学科講師、助教授、1983 年同大学外国語学部アジア文化研究所に移り、1988 年教授、1995〜1999 年同研究所所長、1991〜1995 年東南アジア考古学会会長を歴任した。

1　青柳洋治のフィリピン留学とタボン洞窟群の調査

　筆者は、長らく青柳洋治のフィリピン留学中の活動の詳細を知りたいと思っていたが、青柳が残した刊行物の中でそれに該当するものは僅かである。しかし、今回、青柳が残した様々な資料を調べていくうちに、フォックスが書いた論文（Fox 1971）の抜刷の間に、二つ折りにされて挟まれていた手書きの草稿を発見した。その草稿の 1 枚目には、「昭和 45 年度アジア諸国等派遣留学生研究報告（帰国後）」とタイトルが記されていた。そこには、1969 年 9 月 1 日にマニラの国立博物館に到着してから 1972 年 9 月 10 日に国立博物館が新しい建物に移って展示を行うまでの、青柳の研究・調査活動の概要が記されていた。この記録の中で、洞窟遺跡にかかわるものは、パラワン島のタボン洞窟群のみである。すなわち、1970 年 3 月 12 日〜9 月 12 日がパラワン島ケソンでのタボン洞窟群の調査と英語で記され、具体的な洞窟名として、タボン（Tabon）洞窟、リヤン（Liyang）洞窟、アビオグ（Abiog）洞窟の三つの洞窟の名前が記されていた。いずれも、青柳が発掘調査に携わった洞窟遺跡と考えられる。

　その後は、1971 年 2 月 19 日から 7 月 3 日までカガヤン渓谷発掘と書かれ、リワン（Liwan）遺跡とソラーナ（Solana）埋葬遺跡の名前が挙げられていた。

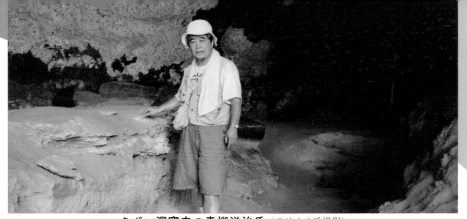

タボン洞窟内の青柳洋治氏（ラリオス氏撮影）

その次に1971年8月10日から1972年1月10日まで剝片石器分析、グリ（Guri）洞窟からの石器と記されており、グリ洞窟の石器分析に携わっていたことがわかる（これについては、青柳は報告など公にした文章を残していない）。そして、1972年6月26日〜7月4日に東南アジア先史学・考古学セミナーと書かれ、タボン、マニラと書かれていた。

2　青柳洋治のタボン洞窟発掘調査参加

　本洞窟は、フォックスがリプーン岬の洞窟群の中で特別な思い入れを持って調査した洞窟である。その名前は、洞窟の床に穴を掘って卵を産む習性を持つタボン鳥（Tabon Bird）に由来する。発掘調査の結果、更新世に遡るヒトの頭蓋骨と下顎骨が出土し（Fox 1970）、注目されるようになった。この洞窟の発掘調査に，日本人として唯一参加したのが青柳である。当時、青柳はフィリピン留学中であり、留学期間の前半は、マニラでフォックスの家に下宿人として同居しており、フォックスの近くで暮らしていた。そうしたこともあって、この洞窟の発掘調査に参加できたのだと思う。

タボン洞窟下の船着き場（青柳洋治氏撮影）

タボン洞窟に向かう船の中で
左：ロンキリオ氏　中：青柳洋治氏　右：
サルセド氏（エバンヘリスタ氏撮影）

パラワン島ケソンの
フィリピン国立博物館分館の前で
左：ロンキリオ氏　中：エバンヘリスタ氏
右：青柳洋治氏（サルセド氏撮影）

　というのもフォックスは、この洞窟の調査参加者を厳しく選別したように思われるからである。

　具体的には、同時期に調査に参加したフィリピン大学人類学部のエバンヘリスタ（Evangelista）は、タボン洞窟のあるリプーン岬から直線距離にして10kmほど離れたイワイグ（Iwaig）地区のドゥヨン（Duyong）洞窟の発掘調査担当に回され、タボン洞窟の発掘には参加させてもらえなかったとの思いをディソン（Dizon）に語っている。また、それ故エバンヘリスタは、フィリピン国立博物館の副館長を引退後、自身を訪ねてきたディソンに対してタボン洞窟の再発掘を促したのだと思う。一方、この洞窟の発掘調査で青柳は、出土した土を篩う役割を務めていたと筆者は青柳から聞いた。

　残念ながら、青柳が発掘調査期間中に撮影した写真は、青柳によればカメラを海に落としたため、残されていない。しかしながら、その後青柳は、留学が終了して日本に帰ったのち少なくとも3度タボン洞窟を訪れている。1度目は家族と一緒に、2度目は1987年に小川英文氏と筆者が同行して、3度目は1999年9月10日にフィリピン国立博物館副館長を引退したエバンヘリスタ、当時同博物館考古学部長であったロンキリオ（Ronquillo）、及び同博物館文化財部長であったサルセド（Salcedo）及び技官であったラリオス（Larios）とともにである。今回は、この1999年の訪問時の写真を紹介したい。フォックスによるタボン洞窟の発掘調査成果については、「更新世人骨タボン・マンの発見」を参照。

3 青柳洋治のリヤン洞窟調査

　リヤン洞窟は、犀の角のように先端部が北に突き出た形態のリプーン岬において、先端部に近い西側に位置している。リプーン岬の洞窟群のなかでは、最も北に位置する洞窟である。この洞窟に関する文章を青柳は残していない。しかし、この洞窟の調査は、青柳にとって大切なものだったと思う。なぜなら、フォックスが青柳にこの洞窟の調査をさせ、博士論文を書かせようとした洞窟だからである。青柳が筆者に直接語ったことであるが、

リヤン洞窟が位置するリプーン岬を臨むケソンの船着き場
（青柳洋治氏撮影）

「フォクスからリヤン（洞窟）を掘るように言われ、その成果で博士論文を書けといわれた」「でもジメジメした洞穴で俺は嫌だった」と。そこには、フォクスの期待に十分応えられなかった多少の悔恨の気持ちが入っていたように思われた。

4　青柳洋治のアビオグ洞窟調査と成果

　アビオグ洞窟は、リプーン岬の南側に位置し、急峻な崖面に立地している。南北両端に洞室をもち、その間に細長い煙突状の部分がある。南側のA室の開口部で標高が約20mで、各々の洞室の広さは、A室が奥行約3m、幅約1m、高さ4mで、B室が奥行約1.2m、幅約2m、高さ1mである。この洞窟は、1966年3月14日にタボン洞窟発掘中に発見され、1970年8月24日から9月17日まで発掘調査が行われた。堆積層は、A室では、上層が厚さ15〜20cmの礫岩の混じった乾いた茶褐色土層で、下層が大型の礫や岩塊の混じった茶褐色土層で、深さ40cmに達したところで止め、岩盤には達していないとされ、一方、B室の堆積層も上下に区分され、上層は茶褐色土で、下層は石灰岩の礫まじりの黄褐色土層とされ、堆積全体の厚さは薄く10cm足らずとされている。そして、遺物の出土状況については、「人骨や陶磁片等は、ほとんどB室の岩盤上に散在していた」とされている（青柳1983）。

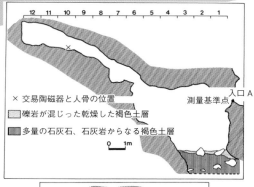

× 交易陶磁器と人骨の位置

礫岩が混じった乾燥した褐色土層

多量の石灰石、石灰岩からなる褐色土層

入口A

測量基準点

0　1m

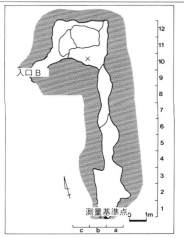

入口B

測量基準点

0　1m

c b a

アビオグ洞窟断面図（上）**・平面図**（下）

（青柳 1983：110, Fig. 2・3 を一部改変）

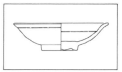

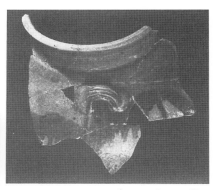

0　5　10cm

アビオグ洞窟から出土した青磁皿（左・中央）**・黄緑釉褐彩有耳壺**（右）

（青柳 1983：110, Pic. 1 - a・b より）

　遺物については、「陶磁片は、B室即ち 10bc の地点、大岩の陰から、頭蓋骨、下顎骨、大腿骨など五体分の人骨と小珠、銅ないし青銅製の耳飾りないし指輪状の製品、鉄製の槍先状の破片および土器片とともに、岩盤上に積み重なるように混在していた。このうち2個の頭蓋骨は岩盤に半ば溶け込むような状態であった。小珠は、紅玉髄、ガラス製、貝製などがあり、1970 年の調査では総計 768 点を数え、そのうち貝製の小珠は 721 点であった」と報告されている。

　これら出土遺物のうち、特に詳しく報告されているの

は、「青磁皿一点、黄緑釉褐彩有耳壺一点の他に青磁の碗ないし皿と覚しき破片が数点」とされている中国陶磁器である。そして、青磁皿と黄緑釉褐彩有耳壺については、各々さらに詳しい記述を行った上で、青磁皿については、李知宴の考察をもとに 13 世紀中ごろ以降に福建省の同安県の磁窯で生産されたものと考え、黄緑釉褐彩有耳壺については、亀井明徳の考察をもとに福建省南部の泉州附近の沿岸地域を生産地の有力候補地として考えた（青柳 1983）。

　タボン洞窟については、様々なエピソードを語った青柳であるが、この洞窟の発掘にかかわるエピソードについては、筆者は聞いた記憶がない。

5　第 1 回東南アジア先史学・考古学地域セミナー

　タボン洞窟の発掘成果を現地で近隣の東南アジア諸国やフィリピン国内の先史学者、考古学者に示すために 1972 年 6 月 26 日から 7 月 4 日にかけて開催されたのが第 1 回東南アジア先史学・考古学地域セミナーである。タイからはインタコサイとカンチャナガマ、カンボジアからはネーイとプイェト、マレーシアからはアル・ラシド、インドネシアからはシオノとヤコブなどが参加し、ハワイ大からはソルハイムも参加発表した。

第 1 回東南アジア先史学・考古学地域セミナーの参加者
立っている人物の 2 列目右から 3 番目が青柳洋治氏。
（National Museum of the Pilippines, Manila 提供）

**第１回東南アジア先史学・考古学地域セミナー時の
タボン洞窟でのフォックスの講義**
左端に立って講義をしている人物がフォックス氏、
その下で座ってマイクをフォックスに向けている人物が青柳洋治氏。
（Ansyori *et al.* eds. 2016：40 より）

パラワンの知事、ソクラテス氏（立っている人物）**が
タボン洞窟群の保存計画を議論しているところ**
座っている人物の右から５番目が青柳洋治氏、その右隣がペラルタ氏、そしてさら
に右隣がソルハイム氏。（National Museum of the Philippines ed. 1974 より）

　一方、フィリピンからはフォックスのほか、レガスピ、カバニリア、シオ
ン、ホカノ、エバンヘリスタ、マセダ、ルガイ、パニッサなどが正式な代表
として参加発表した。

　要旨集によれば、ここでの青柳の立場は、ゲストあるいはオブザーバーで、フォックスの立場は、人類学に関する大統領顧問である。会議は、6月26日から6月28日までマニラのアンバサダーホテルで行われ、6月29日はマニラからパラワン島のケソン（Quezon）に移動し、6月30日には、ケソンのタボン洞窟でフォックスが「タボン洞窟群とその意義」という発表を行った。この時、青柳は、東南アジアの先史学者、考古学者を前に立って話すフォックスの下でマイクをフォックスに向ける役であった。その写真が今、フィリピン大学の考古学研究プログラムのオフィースに残されている。そして、7月1日にはケソンから飛行場のあるプエルト・プリンセサ（Puerto Princesa）に戻り、7月2日はラホルズホテルで会議を行った後マニラに戻り、7月3日は再びアンバサダーホテルで会議を行い、7月4日に閉幕している。この会議で重要であったのは、フォックスがタボン洞窟の現地で発掘成果を東南アジア各国の考古学者に示したことともう一つ、フォックスはペラルタ（Peralta）と共著で「フィリピン、カガヤン渓谷の旧石器考古学とカバルワン・インダストリーに関する予備的報告」（Fox and Peralta 1974）という発表を行ったことである。この報告は、予備報告とはいうものの要旨集で多数の図がつけられ48頁に及ぶものであった。ここに調査の主力がパラワンからカガヤンに移ったことを参加者誰もが印象づけられたことと思う。そして、青柳の調査もパラワンからカガヤンに移っていくのである。

　今回、「青柳洋治とフィリピンの洞窟遺跡」という原稿を書くにあたり、資料を探しているうちに、青柳が残した留学中の研究概要の草稿を発見した。「しっかり書け」という先生からのメッセージのように思えてならない。

参考文献

青柳洋治 1983「パラワン島アビオグ洞穴出土の貿易陶磁器」『上智アジア学』創刊号、pp.102-115

青柳洋治 2011「フィリピンの古文化断片」『フィリピンの文化と交易の時代—青柳洋治コレクションを中心に—』横浜ユーラシア文化館企画展示図録、pp.46-48

Fox, R.B. 1970. *The Tabon Caves - Archaeological Explorations and Excavations on Palawan Island, Philippines*. Monograph of the National Museum Number 1. Manila.

Fox, R.B. 1971. Explorations and Excavations of Cave Sites of Ancient Man on Palawan Island, Philippines. *National Geographic Society Research Reports, 1965 Projects*. National Geographic Society, Washington, D.C., pp.75-82.

Fox, R.B. and Peralta J.T. 1974. Preliminary report on the Palaeolithic archaeology of Cagayan Valley, Philippines, and the Cabalwanian industry. National Museum of the Philippines ed. *Proceeding of the First Reginal Seminar on Southeast Asian Prehistory and Archaeology*. Manila, Philippines. pp.100-147.

National Museum of the Philippines 1974. *Proceedings of the First Reginal Seminar on Southeast Asian Prehistory and Archaeology - June 26 - July 4, 1972, Manila*.

（山形眞理子氏撮影）

更新世人骨
タボン・マンの発見

タボン洞窟
フィリピン・パラワン州
■ 第1章地図 PH-1

1　現在の洞窟の姿

　フィリピン共和国、パラワン（Palawan）島中部西海岸のリプーン（Lipuun）岬に位置する。パラワン島は、フィリピンの西側に南シナ海に面して北東から南西に矢のように細長く伸びた島で、その中央に北東から南西にかけて山脈が走っている。リプーン岬のある中部西海岸のケソン（Quezon）地区は、この中央山脈が途切れてくびれができている所に位置し、西海岸から東海岸へ島を横断するのが容易な地点にある。

　洞窟は、南シナ海に面する石灰岩の崖の基部に開口しており、開口部の海抜は、33.5mである。また、開口部は、高さ8m、幅16mと大きい。また、洞窟全体の形態は、ドーム形をしており、奥行きが41mほどある。

洞窟内部（山形眞理子氏撮影）

2　フォックスによる発掘

　発掘調査は、まず 1960 年代に数度（1962
年 6 月〜7 月、1965 年 6 月等）にわたってフォッ
クス（Fox）を中心とするフィリピン国立
博物館のチームによって行われた。報告書
に掲載されている発掘箇所の位置図を見る
と、洞窟の中央やや北寄りに北西から南東
に向かって縦断トレンチが掘られ、それ
と直交するように洞窟中央で、横断（北東
から南西方向）のトレンチが掘られている。
また、これら 2 本のトレンチの他に、洞窟
北側壁沿いの地区が開口部近くから奥壁ま
で、洞窟南側壁沿いの地区が開口部近くの
みで掘られている。その成果は、国立博物
館のモノグラフ第 1 号（Fox 1970）として
刊行された。

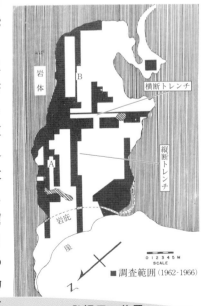

発掘区の位置

（Fox 1970：23, Fig.6 を改変）

発掘調査風景

（上：1960年代　下：2000年）
（National Museum of the Pilippines, Manila 提供）

その後、新たな旧石器時代人骨を得るため、2000年5月、2001年9月、2002年4月に国立博物館のディソン（Dizon）を中心とするチームによって再発掘が行われ、新たな人骨資料が得られた（Dizon *et al.* 2002）。

堆積層は、横断トレンチにおいて、第Ⅰ層から第Ⅶ層までに分層されている。このうち、第Ⅲ層上部までは、土器片（甕棺片）の包含が見られ、初期金属器時代に属するものと考えられる。旧石器時代に属すると考えられるのは、第Ⅲ層下部から下の層である。以下各層の概要を報告（Fox 1970）に従って紹介する。第Ⅰ層：堅緻で砂っぽい灰褐色土層（攪乱）、第Ⅱ層：やわらかく、肌理細かな明灰色から暗灰色の土層、第Ⅲ層：やわらかく肌理細かな灰褐色から褐色の土層、第Ⅳ層：やわらかく肌理細かな象牙色あるいは灰色がかった象牙色の土層、第Ⅴ層：やわらかく肌理細かで肌色の（いくつかの区域では桃色の）土層、第Ⅵ層：やわらかいところから堅いところまである褐色から赤褐色の土層、第Ⅶ層：堅い土層である。

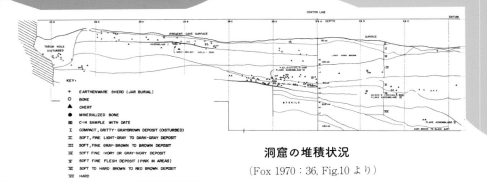

洞窟の堆積状況

（Fox 1970：36, Fig.10 より）

3　剝片アセンブリッジ

　剝片類の集中箇所は、6つの剝片アセンブリッジとしてとらえられている。またこれらは、洞窟全体に及ぶものではなく、洞窟の一部の地区に見られるものである。以下では、各々のアセンブリッジについて、①洞窟中における平面的位置、②その深さと包含層、③出土遺物、④年代、特に特記事項があれば、⑤その他について、各々記したい。

　剝片アセンブリッジⅠ-A：洞窟の中程までの南壁沿いで検出されたもので、最大で表面下25cmの深さまで存在し、肌理細かな灰褐色土中に包含されていた。出土遺物としては、チャート製剝片、台石として使われた石灰岩、動物骨、動物歯、淡水産貝（タニシの類）がある。年代としては、約9,500〜8,500年前という推定年代が与えられている。特記事項としては、剝片が大きな落下した鍾乳石の周辺に散らばって検出されたことがある。

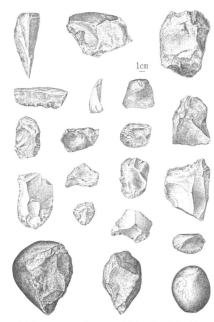

剝片アセンブリッジⅢの剝片石器・チョッパー（最下段左と中央）・**ハンマーストーン**（最下段右）
（Fox 1970：30, Fig.7 より）

剥片アセンブリッジⅢの剥片石器

（National Museum of the Pilippines, Manila 提供）

　剥片アセンブリッジⅠ-Ｂ：洞窟の中程から奥にかけた北側で検出されたもので、本文中に記載はないが、横断トレンチの断面で第Ⅲ層下部に見られる。出土遺物としては、チャート製剥片がある他、海産の貝がない事が特記される。年代としては、9,250 ± 250 BP という ^{14}C 年代が得られている。

　剥片アセンブリッジⅡ：洞窟の開口部から中程にかけた洞窟北側で検出されたもので、厚さ 50〜70 cm になる暗褐色の堅く粒状の土層に包含されている。また、この土層の底部には、厚い（約 20〜50 cm）石灰質の床が存在していた。出土遺物としては、数百点のチャート製剥片、動物骨、ヒトと動物の歯がある。年代としては、21,000 BP 以上という ^{14}C 年代が得られている。

　剥片アセンブリッジⅢ：洞窟の中程から後方にかけて検出されたもので、表面下 85〜115 cm にある暗赤褐色で砂のようで有機物が豊富な土層中に包含されている。また、剥片アセンブリッジⅡの底部で床となっていた厚い石灰質の層の下で検出された。出土遺物としては、数百点のチャート製剥片、玄武岩製チョッパー、石英製及び玄武岩製ハンマーストーン、鳥やコウモリや小哺乳動物の骨がある。年代としては、22,000 BP 以上及び 23,200 ± 1,000 BP という 2 点の ^{14}C 年代が得られた。

　剥片アセンブリッジⅣ：横断トレンチの限られた区域で検出された。表面下 121 cm のところにある。出土遺物としては、チャート製剥片、剥片石器、石核がある。年代としては、30,500 ± 1,100 BP という ^{14}C 年代が得られた。

　剥片アセンブリッジⅤ：横断トレンチの中の約 1 m² 強の区域で検出された。表面下 160 cm にある。出土遺物としては、3 点のチャート製剥片のみである。年代としては、45,000〜50,000 年前が推定されている。

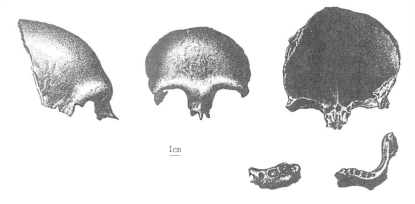

タボン・マンの頭蓋骨（上）と下顎骨（下）
（Fox 1970：41, Fig.12 一部改変）

4　タボン・マンの発見

　1962年の発掘調査によって、3個体の旧石器時代に遡る化石化した人骨が出土した。これらの出土地点は、洞窟北側壁沿いの後方部分であった。また、それら3点の部位は、1点が頭蓋頭頂部から眼窩上部分までであり、他の2点は下顎の一部であった。また、これらの人骨は、剥片アセンブリッジⅢと関連するとされ、22,000〜24,000年前の年代が推定された。

5　ディソンらによる発掘

　ディソンらによる調査成果として、まずフォックスの調査によって出土した3点の化石人骨のうち2点をウラニウム・シリーズ年代決定法（Uranium Series Dating）という方法で再年代づけしたことが挙げられる。すなわち、頭蓋骨に対しては、16,500 ± 2,000 BPという年代が得られ、右下顎骨片に対しては、39,000〜24,000 BPという年代が得られた（Dizon et al. 2002）。

　また、2000年の再発掘によって出土したヒトの脛骨については、58,000〜37,000 BPという年代が得られた（Dizon et al. 2002）。また、2012年3月から2016年までフランスの自然史博物館（Muséum national d'histoire naturelle）とインドネシアのサンギラン古代人遺跡保存センター（Balai Pelestarian Situs Manusia Purba Sangiran）との共同調査と土壌サンプル採集をユネスコの支援で行っている（Ansyori et al. eds. 2016）。　　　　　　（田中和彦）

島嶼最大の洞窟と最古のサピエンス

ニア洞窟

マレーシア・サラワク州

■ 第 1 章地図 MA - 3

　ボルネオ島のサラワク州に位置する、ニア（Niah）洞窟の概要について紹介する。この有名な洞窟遺跡は、1950 年代にサラワク州立博物館の館長だった英国人考古学者のトム・ハリソンらによる発掘団により最初の調査が行われた（Harrison 1967、Harrison 1957・1958 ほか多数）。この発掘では、最も大きな西口（West Mouth、以下ではウエスト・マウスと呼ぶ）より出土したホモ・サピエンスの古人骨より約 4 万年前の炭素年代値が得られた。これによりニア洞窟は、フィリピン諸島のパラワン島に位置するタボン洞窟遺跡での古人骨発見に先駆け、東南アジア島嶼部にもサピエンス集団が更新世後期には移住し、暮らしていたことを明らかにした遺跡でもある。更新世後期の時代、ボルネオ島とパラワン島は陸橋でつながり、さらに両島はマレー半島などのアジア大陸部をふくむスンダランドの一部でもあった。ゆえに両遺跡で発見された

出土した人骨（山形眞理子氏撮影）

サピエンス達は陸路により、これらの洞窟遺跡にたどり着いたと考えられる。

　ニア洞窟では、さらに1970年代にマレーシア人考古学者のズライナ・マジッドにより小規模な再発掘が行われているほか（Majid 1982）、2000年代にはケンブリッジ大学のグラハム・ベイカーらによる再発掘が行われている（Baker 2005・2013、Baker *et al*. 2000・2007ほか多数）。とくにベイカーらによる再発掘は、ハリソンらが発掘した古人骨の出土地点や層序に関して報告された記録に曖昧な点が多かったことから、ハリソンらによって発掘されたトレンチの層序や年代値の再検討を目的に実施された。ここでは、ハリソンらによる先行研究を踏まえつつ、これらの新たな成果についても紹介したい。

1　発掘された洞窟

　ニア洞窟はボルネオ島北部、マレーシア領サラワク州の東岸から約17km内陸に位置する巨大な石灰岩洞窟である。実際にはこの巨大洞窟の内部は計21の洞窟と複数の岩陰群からなり、ゆえに洞窟群とも認識できるが、全体としては1つの巨大な洞窟とも捉えられるため、総称してニア洞窟（Gua Niah）と呼ばれることが多い。この大洞窟は東西500m、南北1,000mほどの巨大な石灰岩内に形成され、先述したように複数の洞口をもつ。このうち最も大きなウエスト・マウスは幅150mほどあり、天井の高さは最大で60mと極めて大きい。後述するハリソンらによる発掘で4万年前に遡る古人骨が出土したのも、このウエスト・マウスである。もっとも集中的に発掘調査が行われてきたのも、この西洞口の北壁沿いで、25体におよぶ完新世前期の埋葬遺体、200体を超える新石器時代期以降の埋葬遺体も発見されている。

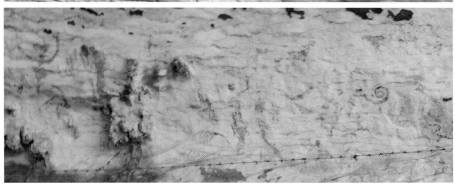

ペインティッド洞窟と舟が描かれた壁画（山形眞理子氏撮影）

また別のペインティッド洞窟（Painted Cave）では、1,200年前頃と推測される舟の壁画も報告されている。こうした複合的な文化遺産も背景に、ニア洞窟一帯はマレーシアの国立公園として保護されており、現在に至っている。

2　ハリソンらによる最初の発掘

　ニア洞窟における最初の本格的な発掘調査を展開したのが、サラワク州立博物館の館長だったトム・ハリソンとその妻で考古学者であったバーバラ・ハリソンである。ハリソンらによる発掘は1954年より開始され、断続的に1967年まで実施された。ハリソンらの発掘は複数の洞窟や洞口で行われているが、最も重要な考古学的発見の多くは、最も大きな洞口であるウエスト・マウスでの発掘によるものであろう（Harrison 1967、Harrison 1957・1958）。

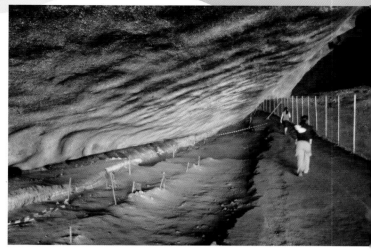

地獄トレンチ（山形眞理子氏撮影）

とくに1958年2月にこの洞口近くの地獄トレンチ（Hell's Trench）と命名されたトレンチから出土した古人骨は、それらの発見の中でも最も重要かつ有名である。ハリソンらによるウエスト・マウスでの発掘はおもに洞口の北壁沿いで行われ、約160mの幅を持つ洞口の北壁から約40mの範囲で東側の洞窟奥にむかって発掘区が設置された。発掘区東西の幅は約50mで、それより奥は北壁沿いに長細い発掘区が設けられた。この比較的広大な発掘区の中に複数のトレンチが開けられたが、これらはA・B・C・D区と名称された各エリアに位置する。このうちA区に相当するのが、西に向く洞口近くから北壁沿いには南北方面の幅が約10m、北西から南東にかけての幅が約25mのオーバーハングが北壁より突き出して岩陰を形成しているエリアである。この岩陰の下では、多数の埋葬遺体が出土したが、約4万年前の炭素年代値が得られた更新世の古人骨（頭蓋骨の上部）は岩陰のやや外に位置する地獄トレンチで発見された。

　しかし、地獄トレンチはその最深部が約4mに至る一方、古人骨はハリソンによれば表土から約1.5mの地点から出土しており、得られた年代値と人骨の関係性には不明瞭な点が残された。ハリソンらによる発掘はスピット単位（1スピット/6インチ＝約15cm）の発掘に基づいており、層位の把握に関しては不明瞭な記述が多かった点も、そうした批判の種となった。一方、出土した頭蓋骨の上部はホモ・サピエンスの特徴を明瞭に示しており、人骨の出土年代が正しい場合、東南アジア圏で発見されたサピエンス人骨としては最古のものとなった。

ウエスト・マウス洞窟内の発掘区（山形眞理子氏撮影）

　4万年前の更新世後期は最終氷期に相当し、この頃のボルネオ島は陸橋でマレー半島などの大陸部と繋がり、現在のジャワ島やスマトラ島もふくめた広大なスンダランドの一部であった。よってニア洞窟を利用していたサピエンス達も陸路で到達したと推測できる。また比較的浅い南シナ海に面した西岸側が陸地化したため、ニア洞窟の立地も当時の海岸線からは60kmほど内陸にあったことが推測されている。この更新世期における人類の生活痕跡は、岩陰下に位置するA区と岩陰の外に位置するB区で、最大で4mに達する茶色のシルト層より確認された。とくにA区の中でもブロックA、Bと命名された地点で、29,000〜27,000年前の年代値が多数得られている。またこのシルト層からは、多数の動物遺存体や貝類、炭化物、ナッツ類が詰められた複数のピット状遺構、それに石器類が出土した。

　出土した動物遺存体の分析では、イノシシ類（*Sus barbatus*）に加え、様々な大型哺乳類やサルやコウモリなどの小型哺乳類、ハリネズミ、オオトカゲ、カメ、ヘビなどの爬虫類のほか、淡水・汽水産貝類や魚類も出土した（Medway 1958・1959・1960・1978）。一方、ハリソンらによる発掘で出土した人骨は計202体分に及ぶが（とくにC区に集中）、これらの多くは完新世期以降、とくに5,000〜2,500年前の新石器時代前後に集中する。これらの遺体の多くはタケ製やその他の植物素材の敷物に包まれるか、甕棺土器内に収められる状態で発見された。これらの埋葬遺体については、2000年代のベイカーらによる研究でより詳しく報告されている。

3　マジッドによる再発掘

　マレーシア考古学者のズライナ・マジッドらによる再発掘は、1977 年に実施された。対象となったのは、ウエスト・マウスの地獄トレンチと更新世期にまで遡る人類痕跡が残るその周辺箇所である。マジッドらはハリソンらが発掘したトレンチのうち、主に途中までしか発掘されなかった箇所を選択的に再発掘した。このため上層はすでにハリソンらによって発掘された箇所が多かったようだ。たとえば地獄トレンチの場合、全てのピット（1 ピットは1 × 5 フィート）は 72 インチ（約 180 ㎝）から 84 インチ（約 210 ㎝）の深度まで下げられており、マジッドらの発掘もそれより深い箇所で行われた。

　彼女は更新世期に遡る古人骨が出土した周囲でも再発掘をしているが（HQ/6,7,8,9,1）、これらの発掘は深い箇所でも 120 インチ（約 300 ㎝）の深度までとなっている。このうちピット HQ/6 では 84〜92 インチのスピットからコウモリとイノシシと推測される獣骨が出土し、炭化物から得られた炭素年代値は 21,410 ± 760 年であった。一方、92〜96 インチの深度からは遺物が出土しなかったため、発掘はこのレベルで終了したようだ（Majid 1982）。

　こうした発掘の中断はハリソンらによる調査でも同様であるが、近年に至るまで東南アジアでは一般的なものであった。地獄トレンチは最深で 4 m の地点まで発掘されている箇所があるが、その地点でもベッドロックに到達してはおらず、洞窟の堆積層は実際にはより深いと認識できよう。つまりハリソンらによる発掘も、またマジッドらによる発掘でもニア洞窟はベッドロックまで完全に発掘されていない可能性が高いことは指摘しておきたい（この点についてはリアンブア洞窟の事例も参照のこと）。

　マジッドらによる再発掘の対象は、基本的には更新世期の層であり、埋葬人骨はその主な対象ではなかったようだが、計 11 体の埋葬人骨の出土が報告されている。このうち EB/4 のピットから出土した埋葬人骨（No.83）の下から得られた炭化物の年代は 14,930 ± 460 年であり、この人骨が更新世末期に遡ることが確認された。そのほかに年代値が得られたのは、77DN/4 のピットで、24〜30 インチの深度で確認された炉跡遺構より得られた炭素年代値が 9,885 ± 175 年、その下層となる 30〜42 インチの深度から得られた炭素年代値 2 点はいずれも 17,000 年前頃のものであった。

1977年の再発掘で得られた炭素年代値はこれで全てだが、マジッドらによる発掘では3万年を超える年代値は1点も得られず、ニア洞窟に到達した最初のサピエンスがいつ頃まで遡るのかという課題については未解決のままとなった。その一方、マジッドは出土した石器や土器の詳細な分析を行っており、ニア洞窟から出土した人工遺物に関するシステマティックな考古データの提供という点で一定の成果を出したと評価できるであろう。

4　ベイカーらによる再発掘

　2000年代に新たに行われたケンブリッジ大学のグラハム・ベイカーらによる再発掘は、冒頭でも触れたように古人骨の出土年代の再確認をその目的の一つとして実施された。すでに国立公園となっていたニア洞窟での新たな発掘は基本的に許されておらず、ベイカーらによる発掘もハリソンらによるかつてのトレンチ内に限られている。ベイカーらはハリソンらのトレンチとその壁セクションを改めて露出させ、その堆積層を再確認した。同時に新たに露出したセクション面から澱粉粒や花粉といった微細な植物遺存体の検出や、古環境復元など新たなデータの収集も試みている。

　まず古人骨に関しては、問題となっていた人骨の正確な出土地点が不明瞭であった点について、ベイカーらはハリソンらの書簡など可能な限りの情報を収集し、その出土地点の特定を行った。またハリソンらによって残されていた人骨の出土地点およびその近くから得られたとされる炭化物の年代測定、ロンドンの自然史博物館に保管されていた古人骨の一部と推測される人骨片を対象としたウラニウム年代測定も実施している（炭素年代はコラーゲン不足で不可だった）。まず再分層の結果、地獄トレンチの層状はかなり複雑で入り組んでいることが確認された。このうち炭化物や有機物を多く含むLithofacies2gと認識される層は、より新しい時代に流れ込んだシルト層に幾重にも分断される状態でサンドイッチ状になっているが、分断された各地点から得られた炭素年代は45,000〜40,000年前に集中し、最上部から得られた年代値のみ34,000年前頃となった。古人骨が出土したのは、この4万年前頃の年代値が得られた層である。

　次にハリソンらが古人骨の出土地点付近で収集した炭化物2点は、いずれも較正年代で4万年前頃を示した。一方、古人骨から直接に得られたウラン

系の年代値 2 点は、いずれも 35,000 年前頃であった。相対的にウラン系年代の値がやや若くなったが、ベイカーらかは人骨に含まれていたウラニウムの量がかなり少なかったことや、ウラン系年代測定の難しさを指摘し、結論的にはやはり古人骨は 4 万年前頃に遡るものであるとした（Baker *et al.* 2007）。

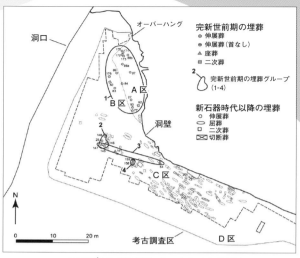

ニア洞窟の平面図（Loyd-Smith 2013b）

　こうしてニア洞窟から出土した古人骨の年代は、ベイカーらの研究により 4 万年前頃まで遡ることが改めて確認された。また彼らの再発掘では、地獄トレンチからクワズイモ（*Alocasia longiloba*）やタロイモ、ヤムイモ（*Dioscorea hispida*）、サゴヤシの仲間と推定される澱粉粒を検出したほか（e.g. Barton 2005）、パンノキやナッツ類の外皮などの大型植物遺存体も出土した。地獄トレンチから得られている年代値に従うなら、これらの植物資源も更新世期の人類によって利用された可能性が高い。

　またニア洞窟からは 4 万年前の古人骨のほかに、多数の埋葬遺体が出土しているが、それらの再分析も行われている。このうち 200 体以上は新石器時代期以降の年代値が得られているが、マジッドらの研究でも確認されたように 17,000 年前頃の更新世期まで遡るものも複数体が存在する。これら埋葬人骨の再分析も行われており、更新世期の遺体は屈葬や座葬が多いのに対し、完新世期以降は屈葬が主であるものの、木棺を伴う伸展葬など多様な葬送による遺体が多い傾向も確認された（Lloyd-Smith 2009・2013a）。とくに新石器時代の遺体には木棺や土器を伴うものや、植物繊維の布で包まれた事例が多い点は興味深い。

　ニア洞窟は、2000 年代における再発掘を踏まえてもまだその全貌が明らかにされたとは言い難く、今後も様々なアプローチでの研究の継続と新たな発見を大いに期待したい洞窟遺跡である。

（小野林太郎）

フローレス原人が
暮らした洞窟

リアンブア洞窟
インドネシア・マンガライ県
■ 第1章地図 IN-3

　フローレス島に位置するリアンブア（Liang Bua）洞窟は、1965年代にオランダ人研究者によって最初に発掘され、1978〜1989年にインドネシア考古学研究所の所長だったインドネシア人考古学者のソジョノらによる発掘が行われた。しかし、この時の調査では表土から1mほどで出土した石灰岩群をもってベッドロックと認識され、それ以深は発掘されることがなかった。

　これに対し、2001年に新たに開始されたインドネシアとオーストラリアの共同調査では、ソジョノらのトレンチを拡張するかたちで、かつてはベッドロックと認識されていた層を超えて発掘が行われた。その結果、2003年に新たな古人骨の全身骨格が出土し、人類学界に衝撃を与える発見となった。

　その後、さらに複数のフローレス原人骨が発見されている。2001年から開始された一連の研究成果のうち、特に重要と思えるものを中心に紹介する。

1　発掘された洞窟

　リアンブア洞窟はフローレス島中部の北岸から約 25 km内陸、標高 500 mの地点に位置する巨大な石灰岩洞窟である。洞口の長さは約 30 m、高さは25 m と大きい。複数の発掘トレンチ（以後はセクター）のうち、セクター 1〜10 は、1970〜80 年代のソジョノらによる発掘で設置され、発掘されたものである。一方、2001 年より開始されたインドネシア考古研究所とオーストラリアのウーロンゴン大学（代表：マイク・モルウッド）による共同調査では、これらセクターのうち、1・3・4・7 のセクターを拡張するかたちで最初に発掘が行われた。

　人骨の発見と年代　最初の発掘期間には、セクター 4 の表土から約 4.2 mの深度より左側の下顎骨が出土したほか、セクター 7 の深度約 6 m の地点からは完形の下顎骨が出土した。この下顎骨と一括で発見された人骨群が、LB1 と命名されるフローレス原人（*Homo floresiensis*）の第 1 号である（Morwood *et al.* 2004）。しかし、かなり深い位置のセクター 7 の壁から得られた炭化物の年代値は、18,000 年前頃のものであった。この年代値は、それまでの人類学的理解ではホモ・サピエンスのみが生存していたとされる時代だったことから、衝撃をもって迎えられた。またその人骨がサピエンスとは異なり、成人でも 1 mほどの身長となる小型の人類で、原人のレベルであるという報告もセンセーショナルなものとなった。

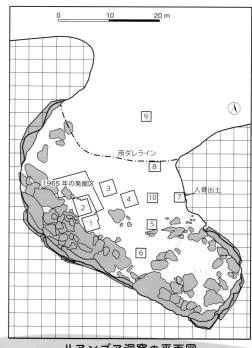

リアンブア洞窟の平面図
（Morwood *et al.* 2004 より作成）

遺跡からはこのほかにも多数の人骨が出土し、2004年時点では種同定に至らなかった人骨も、その後でフローレス原人であることが確認され、これらの出土地点からは、74,000年前頃の光ルミネッセンス年代値が得られている。これらの結果から、フローレス原人は遅くとも7万年前頃から洞窟を使い続け、18,000年前頃に何らかの理由で移動あるいは絶滅したというシナリオが描かれた（最終的には後述するが、19万年前まで遡る可能性も確認されている）。しかし、この新しすぎる年代値には人骨出土地点の年代や層位の把握を間違えているのではないかといった批判が寄せられたほか、人骨が本当に原人レベルなのか、あるいは変形や小人症などのサピエンス人骨なのではないか、といった批判や新たな見解も多々提出されてきた。なお上層からはサピエンスと同定できる人骨も出土し、これらは1万年前頃の年代値が得られている。

ステゴドンの絶滅年代　その他にリアンブアの謎とされてきたのが、ステゴドンと石器の存在である（Moore *et al.* 2009、van den Bergh *et al.* 2009）。人骨のほかに遺跡からは多数の剥片石器が出土したほか、フローレス原人と命名された古人骨が出土した深度からは、多数のステゴドンの骨も出土していた。ステゴドンは、ウォーレシアにおいてもフローレス島以外の多くの島で発見されてきたが、いずれも更新世期のサピエンス出現前かその前後には絶滅したと考えられてきた。実際、ウォーレシアでも約4万年前以降のサピエンスによる遺跡と認識されてきた遺跡群から、ステゴドンが出土した前例はなかったのである。このため原人の存在と同様、ステゴドンがフローレス島では18,000年前まで生息していたという見解には疑問符がついた。

石器の製作技術と年代　フローレス原人が製作・利用したと推測される石器が深い深度からも多数出土したが、当初の分析結果ではこれらの古い時代に遡る石器群と、サピエンスによる石器群と推定される上層から出土した石器群には、製作技術や形態的に大きな変化がないとの結論が報告された（Brumm *et al.* 2006、Moore *et al.* 2009）。すなわち石器からは、それが原人によって製作されたものか、サピエンスによって製作されたものかを区別することができなかったのである。さらにこの報告では、むしろ古い時代の石器の方が押圧剥離など、多様な剥片方法を用いており、時代が新し

くなるにつれ単純に直接打撃によって剝離された石器が増えるという傾向
も指摘された。

　こうした、①人骨による種同定、②層位とフローレス原人やステゴドンの
絶滅時期、③石器の製作と利用という 3 つの主な点において、リアンブアの
発掘成果には疑問符がつけられてきた。これに対し、インドネシア人考古学
者トマス・スティクナを中心とする発掘団は、2007〜2014 年にかけて発掘
を継続し、この一連の研究の中で新たな発見と見解が提出されてきた（Sutikna
et al. 2016）。ここでも、これら 3 点の項目別に新たに提出された成果を踏ま
えつつ、整理・紹介する。

2　ここまでわかったフローレス原人

　フローレス原人の実像　フローレス原人と命名され、2004 年の Nature 誌
に報告された新たな人骨に対しては、当初より多くの批判や解釈が寄せられ
た。原人ではないと否定する意見の中で提出されたのは、出土人骨は小人
症などを発症したサピエンスの人骨であるとする説である（Hershkovitz *et al.*
2007 など）。

フローレス原人の復元イメージ（国立科学博物館提供）

しかし出土人骨の分析を担当したブラウンらによる詳細なデータの提出と議論の結果、これらの古人骨がサピエンス人骨には似ている部分もあるが、全く異なる種に属するものであるとの認識が広まっている。また当初報告された個体LB1だけでなく、報告されているだけで少なくとも小型原人は8個体と複数存在することからも補強されている。

　一方、フローレス原人はいつ頃フローレス島まで移住してきたのか、またすでにインドネシアで知られてきたジャワ原人との関係性はどうなのかという点で議論が起こった。これについては、ジャワ原人の研究を活発に進めてきた海部陽介らも、ジャワ原人との比較の視点から研究を行っている（Kaifu *et al.* 2011）。これらの比較研究からの指摘として、フローレス原人は、ジャワ原人がフローレス島に移住した後、孤立した島嶼環境で長期間を経た結果、島嶼化により小型化したとの仮説も提唱されている。実際、フローレス島中部のマタメンゲ遺跡では80万年前の人骨が出土しており、原人レベルの人類が80万年前には移住していた可能性が確認されている。また離島環境での島嶼化は様々な事例が知られており、フローレス島では小型のステゴドンも島嶼化による影響との説がある。

　しかし、島嶼化で必ずしもサイズが小型化するとも限らないほか、フローレス島に最初に移住してきた原人が大型だったのか小型だったのかはまだ不明な部分が多い。これに加え、フローレス原人の人骨分析を当初から行ってきたブラウンらは、顎骨と歯が出土したLB1、LB2、LB6という3個体の顎と歯の詳細な分析と、他の原人や猿人レベルの古人骨、サピエンス人骨との比較を行った結果、フローレス原人はジャワ原人から派生したのでは

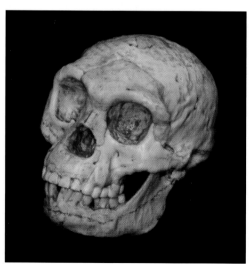

フローレス原人（LB1）**の頭骨**（複製）
（国立科学博物館提供）

なく、最も近いのはアフリカで発見されている初期のホモ属か、猿人レベルのオーストラロピテクス属により近似するとし、ジャワ原人の出現や進化前に別系統でこの地域に到達した人類に属する可能性が高いと主張した（Brown and Maeda 2009）。

　実際、フローレス原人の脳サイズは、チンパンジーと同程度の350㎖しかなく、脳の容量だけで比較するなら猿人レベルである。しかし一方で、石器研究が明らかにするように、その石器技術は東南アジア島嶼部におけるサピエンスによる石器技術と同じか、それ以上の多様性を含んでいる。こうしたフローレス原人の事例は、脳サイズの巨大化が技術や文化の発展とも関連するとする人類学的仮説を否定するものともなる。フローレス原人の由来や進化については、まだ不明な点が多く、今後も議論の対象となるであろうが、その事例は人類学的な進化論において大きな課題を提出している。

　フローレス原人とステゴドンの絶滅期　フローレス原人をめぐる大きな謎の一つが、その絶滅年代であった。当初の発掘成果に基づくなら、フローレス原人は遅くとも18,000年前まで存在していたことになる。しかし、この年代はウォーレシアにおいても完全にサピエンスが各地で活発な生活痕跡を残している時期であり、フローレスでは両者が共存していたのか、あるいはサピエンスの到来がかなり遅れたのかという疑問が残された。この年代はネアンデルタール人の絶滅期よりも後になり、フローレスのような離島では猿人や原人レベルの人類でも、かなり最近まで生存できた可能性も示唆している。

　しかし、2007年からリアンブアの発掘を拡張して継続したスティクナらは、2016年のネイチャー誌にフローレス原人の絶滅期が５万年前より古い可能性を報告した。この報告は、これまでの18,000年前という発掘チームが提唱してきた主張を完全に否定したものでもある。その理由として、2007年以前の発掘では層の解釈に大きな間違いがあったことを指摘した。2007年からの発掘では、LB1個体が出土した洞窟東壁際に位置するセクター７の周囲を拡張する形で発掘が行われた。その結果、最初に発掘されたセクター７の上層はLGM期の前後に洞口方面から流れ込んだ土砂堆積物が、本来あったであろう古い堆積層を崩し、４ｍほどの厚い層を形成していたことが確認された。

これは洞口から最も離れるセクター23（セクター7南壁から2〜4m南に位置）の発掘で本来存在した層位が確認されたことで明らかになった。このセクターでは表土から約2mの地点以降で、5つのテフラ層を含む複数の明確な層序が確認された。このテフラ層のうち上層に位置するテフラ5とテフラ4の間に位置する層から出土した炭化物が46,000年前頃の年代値を示した。表土からは2m強の深度であり、その下にも複数の堆積層が確認された。その一方、これらの層からはフローレス原人の骨は全く出土しなかった。これらの結果を総合し、スティクナらは2004年に報告されたセクター7の深度5〜7mで得られた炭素年代値は、いずれも本来の堆積層を押しのけて洞口方面から流入した新しい堆積層に伴うもので、フローレス原人の出土年代とは異なるとの結論を出した。これにより、出土しているフローレス原人の骨は、いずれも5万年より前に遡る可能性が高くなった。

　同じく絶滅期が問題となっていたステゴドンも、その多くが原人骨と共伴していることや、ウラン系年代とではいずれも6〜7万年前以上の古い年代値となることから、その絶滅期は18,000年前よりも古い可能性が出てきた。スティクナらの解釈が正しければ、少なくともリアンブアでは、5万年前より後の時代には原人骨もステゴドン骨も確認できていないということになる。またリアンブアでの発掘ではさらに10m以上の深度まで発掘が進められており、最も古い年代は19〜12万年前まで遡るが、この層からもフローレス原人と推測される人骨や石器群は出土が確認されている。

　石器の製作と利用　このようにフローレス原人の出土年代は、新たな発掘により5万年前より古いことが確認されたが、石器がそれよりも古い時代から、完新世期に至るまで継続的に出土し、その形態においてもほとんど変化しないことは前述した通りである。しかし、新たな発掘成果により、18,000年前の年代値が得られた層や、その上の厚い層から出土した石器がサピエンスによって製作されたものであることは明らかとなった。この認識に従い、明らかにフローレス原人によって製作・利用されたと剝片石器と、サピエンスによって製作・利用されたと推測される剝片石器を比較分析した結果としては、製作技術的にはやはり大きな変化は認められなかったが、石材に選択される石の種類や使用痕分析においては、両者に違いが認められることもわかってきた。

洞窟から出土した石器
（M.Moore 氏提供、https://stonetoolsmuseum.com/story/human-evolution/）
上段・中段：石核　下段：剥片石器

　　まず石材においては、研究当初より上層に向かうにつれてチャートを素材とする剥片石器の数が増え、フローレス原人の人骨が出土する下層では安山岩や凝灰岩の割合が増えることが報告されていたが（Moore *et al.* 2009）、スティクナらによる研究でも同じ傾向が確認された（Sutikna *et al.* 2018）。石器の利用状況においても、石器の使用痕分析でも上層のサピエンス層から出土した石器には多様な植物の加工に利用された痕跡が見つかる一方、フローレス原人による層から出土した石器からはそうした痕跡が確認できなかったとの報告がある（Hayes *et al.* 2021）。

（小野林太郎）

海を渡った新人と洞窟

トポガロ洞窟

インドネシア・スラウェシ島中部

■ 第1章地図 IN-4

　インドネシア・スラウェシ島中部の東海岸沿いに位置するトポガロ（Topogaro）洞窟群遺跡について紹介する。この洞窟群は、2016年より発掘調査が開始された遺跡で（Ono *et al.* 2020ab・2021ab・2023ab、小野2018）、他の洞窟遺跡に比べるとその知名度はまだ小さい。しかしながら、2022年の現時点においてスラウェシ島では、遺物を伴う遺跡から出土した炭化物としては最古となる42,000年前の炭素年代値が得られている。また初期のサピエンスがウォーレシアから当時のサフル大陸へ移住した際の仮想ルート上の一つに位置している点も踏まえると、その重要性はより高まる。加えてこの洞窟群はその名称からもわかるように、複数の洞窟や岩陰から構成されるコンプレックス遺跡であり、フィリピン・パラワン島のタボン洞窟群と同じく更新世後期から19世紀前後に至る各時代の人類痕跡を残している点でも重要な遺跡

となるであろう。ここではこのうち、更新世後期にまでさかのぼるトポガロ2洞窟、完新世期以降の旧石器や金属器時代以降の埋葬痕跡が残るトポガロ1洞窟、および鋸歯印文土器を多数ふくむ初期金属器時代の二次葬痕跡が残るトポガロ7岩陰の概要と現状、およびこれまでの研究成果について紹介したい。

1　発掘された洞窟

　トポガロ洞窟群はスラウェシ島中部の東岸から約3.5km内陸にある石灰岩丘陵上に位置し、複数の洞窟と岩陰からなる。2016年から2018年にかけて実施された、小野（当時・東海大学）とインドネシアの国立考古学研究センターによる共同調査では、計三つの洞窟（トポガロ1・2・3）、およびその上部に形成されるドリーネ内に4つの岩陰を確認した。内部面積が最も大きいトポガロ1洞窟（約500㎡）の北側には、約40点の木棺も認められた。

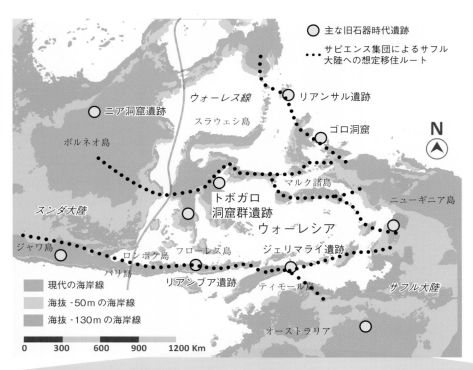

更新世時代のスンダ大陸・ウォーレシア・サフル大陸とトポガロ洞窟群の位置

2018年までに発掘されたのは、このトポガロ1洞窟と隣接するトポガロ2洞窟、およびその上部に位置するトポガロ7と命名した岩陰遺跡の3遺跡である。このうちトポガロ7遺跡は、主に初期金属器時代の二次埋葬遺跡であり、多数の人骨片と特徴的な鋸歯印文をもつ副葬土器やガラス・貝製装飾品が主な遺物となる（Ono *et al.* 2019）。

　一方、チャートを主な素材とする剝片石器は、2つの洞窟遺跡より大量に出土している。このうちより深い堆積層が認められ、更新世後期にさかのぼる人類痕跡が確認されたトポガロ2洞窟は、2019年に国立民族学博物館とインドネシアの国立考古学研究センターによる共同調査でも継続的な発掘が行われ、5mに達する深度からも遺物の出土が確認されている（Ono *et al.* 2023ab）。2020年以降も継続的に発掘が実施される計画であったが、コロナによる世界的なパンデミックの影響を受け、2019年以降の発掘調査は再開できていない。しかし2019年調査において最深部からも継続的に遺物の出土が確認されている状況を踏まえるなら、今後もより古い人類痕跡を含む新たな発見が大いに期待される洞窟群であろう。

2　トポガロ2洞窟

　トポガロ2洞窟は2016〜2018年における発掘調査で洞窟内の東壁と西壁付近の計3カ所で発掘がおこなわれた。このうち東壁区で発掘された2×3mのトレンチ（A区）では、2018年までの調査で深さ3m、12層におよぶ堆積層が確認された（Ono *et al.* 2023ab、小野ほか2022）。トポガロ2洞窟でより深い堆積層を確認できたのは、後述するトポガロ1洞窟と異なり、下層においても落盤岩による影響がなかった要因が大きい。2019年の発掘ではA区での発掘が継続され、さらに深さ5m、19層の堆積層が新たに確認されている（Ono *et al.* 2023ab）。層序が示すように、2019年時点での最新層となる18・19層では炭化物が得られなかったことから、炭素年代が得られていないが、その上層の炭素年代が42,000年前までさかのぼる点を考慮するなら、より古い年代の痕跡となる可能性がある。

　また東壁区ではこのほかに、より開口部に近い箇所にも2×3mのトレンチ（C区）が2019年に発掘されているが、ここからは鋸歯印文土器をともなう初期金属器時代の埋葬遺構が確認された。一方、西壁区では2×2mのトレンチ（B

区）が発掘され、下層で複数の落盤岩が露出したが、部分的に 3m の深度までの堆積層が確認されている。得られている炭素年代は東壁区に比べるとまだ少ないが、西壁区の堆積層も更新世後期にまでさかのぼる。西壁区の発掘も今後、継続的な発掘が計画されている。

トポガロ 2 洞窟では C 区を中心に上層で初期金属器時代の二次葬による痕跡と推測される人骨や副葬土器片、貝製品等が確認された。これらは後述するトポガロ 7 岩陰で出土・確認された二次葬遺構とほぼ同時期のものと考えられる。しかし、トポガロ 2 洞窟ではそれ以深の層で土器片は出土せず、土器片は 1〜2 層の上層域に集中する。一方、3 層以降の無土器層からは汽水産貝類や剥片石器、スラウェシ島の固有種となるアノアやイノシシ（バビルサ）などの動物遺存体が主な出土遺物となる。

トポガロ 2 洞窟の平面図

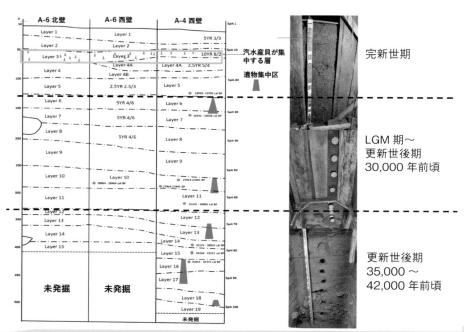

東壁 A 区の層序と主な炭素年代値・遺物集中範囲の関係図

発掘風景　　　　　　　　　　出土した人骨や土器片・貝製品

　また両区で得られた約30点におよぶ炭素年代の測定結果からは、東壁の
A区における現時点での最下層が42,000年前まで遡り、その上層は30,000
〜28,000年前頃、中層は16,000年前頃のLGM末期頃、その上層は完新世前
期から中期におよぶことが確認されている（Ono *et al.* 2020ab・2021a・2023ab、
小野ほか2022）。したがって、トポガロ2洞窟の中層以深で出土した剝片石器
は更新世期に遡り、上層で出土した剝片石器は、トポガロ1洞窟と同じく完
新世期の資料との認識が可能である。

3　トポガロ1洞窟

　トポガロ1洞窟は、2016〜2018年にかけて洞窟内における北壁と南壁付
近の2カ所での発掘がおこなわれた。このうち北側での発掘面積は計4㎡、
南側は計6㎡である（Ono *et al.* 2020ab・2021a）。両区での発掘による結果、
トポガロ1洞窟はいずれの箇所でも深度約1mのレベルで、過去に起こった
落盤と認識できる多数の石灰岩で覆われ、それ以深の発掘は大規模な掘削作
業をしない限り、かなり困難であることが判明した。このため2018年まで
の調査では、落盤と推測される石灰岩上に形成された約1mの堆積層のみが
発掘され、北側で3層、南側では2層が確認された。
　遺物の出土状況の関係では、北側の1層で土器片や人骨片、ガラス製品が

トポガロ１洞窟内部と入口

多く出土するが、２層以降になるとこれらの遺物が激減し、剥片石器と貝類を中心とする動物遺存体が主流となる。骨器となる骨製針も２層を中心に出土している。一方、南側では１層も２層においても、剥片石器や骨製針、動物遺存体が主な遺物が占める。こうした出土状況に加え、両区で得られた炭素年代の測定結果から、北側の２〜３層と南側の１〜２層は 10,000〜8,000 年前頃の完新世前期に形成されたことが確認されている。よって、トポガロ１洞窟から出土した剥片石器の多くは、完新世前期の資料と認識できよう。とくに前期完新世の剥片石器や骨製針の数量はトポガロ１洞窟で卓越する。このことは、少なくとも完新世期以降、人々の活動空間としてより積極的に利用されたのはトポガロ１洞窟であったことを物語っている。

4　トポガロ７岩陰

　トポガロ７岩陰は、洞窟群のさらに上部に形成される、直径50ｍほどの円形状のドリーネに位置する。このドリーネへはトポガロ2洞窟よりアクセスが可能で、洞窟2の最奥部は天井部分が崩壊し、ドリーネの一部が目視できる規模の穴がある。この天井部の崩落がいつ起きたかは現時点では不明だが、洞窟1で10,000年前以前に大きな崩落があった可能性を考慮すると、やはり更新世末期から完新世期の時期に起こった可能性は高い。洞窟2の奥側は天井部から重なる様に崩落したと考えられる大型の石灰岩が、天井部まで積み重なっており、2016年の踏査時にこれらの岩を伝ってドリーネにアクセスできることが確認された。

　切り立った石灰岩で円形状に形成されたドリーネ内はかなり広く、ドリーネゆえに天井はなく、空を眺めることができる。日光も入るため樹木が茂るが、石灰岩の壁面には計４つの岩陰が確認された。これらは暫定的にトポガロ４〜７と呼ばれるが、その表土上に土器片や人骨片が多数散らばり、良好な保存状態にあったのがトポガロ４とトポガロ７岩陰であった。

トポガロ7岩陰

とくにトポガロ7は表採で確認された人骨片や土器片が数100点に及んだほか、土器片の多くに鋸歯印文を含む多様な文様が認められた。このことから2017年にはトポガロ7で1×1mの試掘ピットを2カ所発掘した（TP1/TP2）。TP2は最終的に拡張されて1×1.5mとなったが、この両ピットからも多数の土器片と人骨群のほか、副葬品と推測される貝製品やガラスビーズ、青銅製品が出土した。

人骨片はいずれも解剖学的位置を保っておらず、多数の個体に属する様々な部位が乱雑に重なり合っており、二次葬による合葬であった可能性が高い。またこれらの人骨と同伴する無数の土器片は副葬用の土器や甕棺として利用されたと推測できる。貝製品や出土した炭化物より得られた炭素年代からは、これらの二次葬遺構は1,800年前頃の初期金属器時代にさかのぼる。これは遺跡からガラスビーズや青銅製品が若干ながら出土している点からも整合性がある年代値と考えられる。

5 トポガロ洞窟群の発掘成果

以上がトポガロ洞窟群でこれまでに発掘された3遺跡の大まかな状況であるが、これらの発掘より得られた成果について最後に触れておきたい。

まず更新世期の人類史との関わりでは、これまで考古学的データが全く存在しなかったスラウェシ中部においても、遅くとも42,000年前までに人類の拡散と洞窟利用があったことが新たに確認された。またこの年代は先述したように遺跡から得られた炭素年代としては、スラウェシ島で最古の年代値でもある。スラウェシ南部のマロス地区では、これまでウラニウム系年代測定により、43,000年前頃までさかのぼる壁画が報告されているが、トポガロの年代値は壁画を残したと想定されているホモ・サピエンス集団が、この時期にはスラウェシ島の各地に生活圏を拡大していた可能性を示唆している。今後の発掘調査では、ホモ・サピエンス集団の登場がいつ頃まで遡るのかを確認する必要がある

とともに、さらにスラウェシ島からマルク諸島を経て、ニューギニア方面に移住・拡散した集団の有無についても検討していく必要があるであろう。

　一方、出土した多数のチャート製剝片石器や動物骨からは、基本的な石器の製作技術には大きな変化が認められないものの、時期によりその形態や特徴には一定の変化がみられることも確認された。たとえば剝片はいずれも直接打撃によって製作されるが、16,000 年前頃の LGM 末期頃の剝片にはブレード状の剝片が認められ、10,000 年前以降の完新世期になるとノッチ状の形態をもつ剝片石器の数が激増する。使用痕分析からは、こうした特徴的な剝片石器が主に植物の加工や解体に利用された可能性を確認できたほか、30,000 年前頃の剝片石器の中には、骨などより硬い素材の加工に利用されたものも認められた（Fuentes *et al*. 2021・2020、小野ほか 2022）。

　動物の利用に関しても、詳細な分析はまだ進行中だが、アノアなどの比較的大型の哺乳類がより古い時代に多く利用され、完新世以降になるとイノシシ類が主流となりつつも、クスクス等の有袋類やオオトカゲの仲間、ヘビなどの爬虫類、フルーツバットといった比較的小型で多様な動物群の利用へとシフトする傾向が確認されている。トポガロでは完新世期以降、イノシシのキバや骨を素材としたと推定される骨製針が多数出土しているが、これらが狩猟具としても利用されていた場合、こうした動物利用の変化との相関性が指摘できよう（Ono *et al*. 2021ab）。

　トポガロ洞窟群におけるもう一つの重要な点は、オセアニアのラピタ土器群との共通性が高い鋸歯印文土器が多数出土したことである。ただこれらの土器群は初期金属器時代のものであり、新石器時代前期にさかのぼるラピタ土器やフィリピンのルソン島北部で出土した鋸歯印文土器とは年代的に 1,000 年以上の差がある。一方、スラウェシ北部のミナハサ半島やスラウェシ南部のカルンパンでは、新石器前期にさかのぼる可能性のある鋸歯印文土器が僅かながら確認されつつある。その場合、トポガロの鋸歯印文土器は新石器前期から発展しつつ継続してきた土器伝統の一端とも認識が可能である。

　トポガロ洞窟群の発掘はまだ 2016 年に始まったばかりであり、発掘も遺物の分析もまだ完了していない。今後、これらの発見に対する新たな研究成果の公表が大いに期待されている。

（小野林太郎）

インドネシア・ジャワ島
グヌン・セウ地域の洞窟遺跡
江上幹幸

1 グヌン・セウ地域の洞窟

　インドネシア、ジャワ島中南部に位置するグヌン・セウ地域における考古学的総合調査は 1996 年から 2000 年にわたって、インドネシア国立考古学研究センターチーム（団長トゥルーマン・シマンジュンタク）によって実施された。本調査の目的は後期更新世から完新世までの長いタイムスパンの中で、当該地域の人々がどのようにして自然環境と関わり、技術を開発して生存していたかを明らかにすることであった。

　調査地域に選定されたグヌン・セウ地域は、約 1,400 ㎢の面積を持つ石灰岩丘陵である。侵食によってカルスト台地が形成され、海抜 100〜450 m 級の丘が約 40,000 も存在する。地質学的調査では 19 世紀末、考古学的調査では 1930年代から注目を集めていたが、今回の分布調査で新発見の遺跡が多数確認され、総計 135 遺跡がこの地域に分布することが明らかとなった。新たに発見された洞窟遺跡は、70 カ所に達する。ここでは、調査地として選択された東部地域のケプレック洞窟と西部地域のブラホロ洞窟に焦点をあて紹介する。

2 ケプレック洞窟遺跡 (Song Keplek)

　位置・立地　ケプレック洞窟はパチタン県プヌン郡パグルサリ村に位置し、グヌン・セウ地域にある 70 カ所の洞窟遺跡の中で最も重要な洞窟の一つである。

　1992 年、インドネシア国立考古学研究センターとパリ国立歴史自然博物館との合同の分布調査で発見され、試掘調査を同年および、次年度に実施した後、1996 年から本調査が開始された。

　洞窟は石灰段丘の麓にある。二つの段丘の側面に長い狭い斜面があり、南東 200 m の位置にパサン川が流れている。洞窟は海抜 333 m、入口の幅約

20m、洞窟の背後には巨大な石
の杭が成長し、天井まで達して
いるため、発掘調査ができる面
積は前面部 20×7m の部分だけ
である。洞窟の開口部は適度な
幅と高さ、平らな床面を持ち、
内部は乾燥して空気の循環がよ
く、採光もよいため居住には最
適の場所である。

ケプレック洞窟遠景

この洞窟での人間の居住は
後期更新世紀の約 25,000 年前
以降で、最も集中的な定住は約
12,000～2,000 年前である。その
後、居住者はオープンサイトに
移動したと考えられる。

調査は開口部に垂直方向デー
タと水平方向データを取得する
目的で 12 カ所のグリッドが設定
された。垂直方向のデータは、
定住の年代、文化的および環境
的進化、環境資源の利用パター

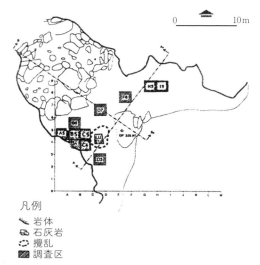

凡例
🪨 岩体
🐚 石灰岩
🌀 攪乱
▨ 調査区

洞窟平面図

ン、および洞窟を埋めた堆積プロセスを明らかにするためであり、水平方向の
データは空間利用のパターンと洞窟生活の文化的豊かさを理解するのに役立つ。

層位と年代　大きく 5 層に分層できる遺跡の堆積層は、最深で 6m に達し、
最下層となる V 層では 24,420 ± 1,000 BP（深度 6m）、15,880 ± 540 BP（深度
3m）、Ⅳ 層は 8,870 ± 210BP から 7,580 ± 210BP、Ⅲ 層は 7,020 ± 210BP か
ら 5,900 ± 180BP、Ⅱ 層は 4,510 ± 90BP、Ⅰ 層は 3,260 ± 110BB から 790 ±
100BP の炭素年代が得られている。地質時代区分では V 層は更新世、Ⅳ 層
から Ⅰ 層までは完新世である。後期更新世の V 層は炭化層で特徴づけられる
粘土層からなり、それは下層まで続いている。V 層からは、大型動物遺存体
が上層よりもかなり多く発見されることは興味深い。

考古学的時代区分ではⅠ層は新石器時代、Ⅱ層からⅣ層は先新石器時代、Ⅴ層からは旧石器時代である。Ⅵ層以下は落石の恐れがあり未確認である。

出土した遺構・遺物は炉址、人骨、石製品、骨製品、貝製品、土器片、装身具、大量の動物遺存体、植物遺存体などであり、後期更新世のⅤ層の遺物は、完新世の層と比較して遺物は減少し、限定された動物遺存体や石製品が出土している。出土状況から遺物の分布は下層に行くに従い、徐々に減少していく傾向が見られた。遺構で留意すべき点は、焼土化した炉址と思われる痕跡が各層に多く検出されたことである。

考古遺物　発掘調査で検出された遺物、遺構は人工遺物、自然遺物、炉址、埋葬址である。なお、自然遺物、埋葬址については4項で詳述する。

人工遺物の石製品・骨角製品は各層で共伴し、ケプレック洞窟では両製品が同時に製作されたことを示している。石製品はチャートで製作された剝片石器、チップ、石器製作用の研磨具（敲打石、擦石）、石臼、台石が出土し、各層で豊富に発見されている。動物遺存体の次に多く出土した遺物である。出土状況から検証すると、これらの遺物のほとんどが洞窟内で製作されたことを実証している。

骨角製品は石製品ほど多く出土していないが、ケプレック洞窟の中で、特徴的な文化要素を示す遺物である。使用痕が確認される製品以外にも未製品の箆状製品、ポイント、針が多量に出土する。これらの道具が、ケプレック洞窟で最も一般的な道具であることを示唆している。装飾品は、穿孔された貝製および骨製のペンダントや針が出土している。

3　ブラホロ洞窟遺跡 (Gua Brahoro)

位置・立地　ブラホロ洞窟は、グヌン・キドゥル県ロンコップ郡スムギ村に位置する。グヌン・セウ地域の東部にあり、カルスト台地の南斜面に位置し、洞窟内はドーム状を形成し、高い天井を持ち、非常に広い空間を持つ。開口部は幅39m、高さ15mに達する広い入口を持ち、洞窟内によりよい採光とよい空気循環を与えている。広大な床面積（約600㎡）は、ケプレック洞窟をしのいでいる。洞窟内は北東−南西軸に沿って延びているが、東部および南部の床面は巨石や天井からの鍾乳石および、落下した鐘乳石で覆われているが、居住地として理想的条件が整っている。

ブラホロ洞窟の西側には約10カ所の洞窟があるが、ブラホロ洞窟は地表面に豊富な遺物が散布している。

層位と年代　この洞窟での人間の居住は炭素年代値で33,100 ± 1,260 BP から 3,050 ± 100 BP の

ブラホロ洞窟遠景

長い期間であり、数箇所で後期更新世まで達するデータを得たが、最下層まで掘りすすめるには崩落の危険があるため、調査を断念せざるをえなかった。

16カ所のグリッドが設定され、最下層は深度約7mまで達したが、基盤までは到達していない。7層に分層され、Ⅶ層〜Ⅴ層は後期更新世・旧石器時代、Ⅳ〜Ⅱ層は完新世・先新石器時代、最上層のⅠ層は完新世・新石器時代である。Ⅶ〜Ⅴ層は更新世であり、最下層の炭素年代値は33,100 ± 1,260 BP を示す。この層からはケプレック洞窟同様に遺物が減少し、細かい動物遺存体の破片が多数出土する。石器はわずかであるが存在する。完新世の石器と類似するがより大形化し、加工が粗い傾向になる。Ⅳ層の炭素年代値は12,060 ± 180 BP を示し、Ⅳ層下は明らかに更新世と完新世の境界層である。Ⅲ層は最も厚い層である。多くの炉址が検出され、深いところでは厚さ250cmまでの文化層が確認され、長期間人間の居住痕跡が確認された。炭素年代値では上層 6,620 ± 110 BP、中層 8,500 ± 230 BP、下層 9,780 ± 180 BP の年代が示されている。人工遺物、動植物遺存体ともに豊富であり、中・下層で埋葬人骨が出土している。Ⅱ層は上層に新石器時代の遺物が確認できるため、漸移層である。この層は褐色砂質粘土層で、動物遺存体を含む豊富な遺物が出土し、炉址が検出されている。Ⅰ層は新石器時代の層であり、厚さ30cm。Ⅰa層は最近の遺物と新石器時代の遺物が混在、Ⅰb層は砂を含む粘質土層で土器、磨製骨製斧、貝類、石灰岩、および多量の動物遺存体と植物遺存体（種子）が出土している。

考古遺物　ブラホロ洞窟は、人間居住の痕跡が濃厚である。石製品、骨角製品、貝製品が多く出土している。これらの遺物は生産道具、装飾品、製作道具とその製作残滓に分類される。道具を製作したと考えられる石器、骨角器およびその残滓が多く出土することから、洞窟内が製作址として機能したと考えられた。石製品と骨角製品はすべての層から発見され、この二つのインダストリーがこの地で同時に発達していったことを証明する。

　剥片石器はスクレーパー、ポイント、ナイフなどで種類は限られているが、石材の種類は豊富である。チャート、安山岩、碧玉、化石木、珪石が利用されている。特に石器製作道具としての石灰岩利用はこの遺跡特有であり、同様の石製品はグヌン・セウの東部地域では現在まで確認されていない。石灰岩は材質が軟らかいため利用されることはまれである。石灰岩を使用した理由として考えられることは、近くで硬質岩が得られないからである。彼らは東に20km離れた場所で硬質石材を得て、この地で石器製作を行っていたと考えられる。それ以外には再調整されていない剥片石器、敲打石器、石核石器、擦石、石皿、台石が出土している。

　骨角製品はポイント、箆状製品および針に分類される。ポイントおよび箆状製品は、ケプレック洞窟および東ジャワの他の洞窟で発見されたものと形態的、技術的な様相から強い類似点を持っている。この洞窟で最も特徴的な骨製品は、長さ1.5〜2cmの小さなダブルポイントの針である。それらは両先端が研磨されたスプリットの入った骨である。断面が円あるいは楕円形であり、表面は部分的に研磨されたものと完全に研磨したものがある。

　貝製品はスクレーパーとポイント、装飾品であり、中央に孔を持つビーズ状製品である。一つの孔をもつ円形のものから三つの孔をもつ楕円形のものまで出土している。それらは異なった種類の貝で作られている。

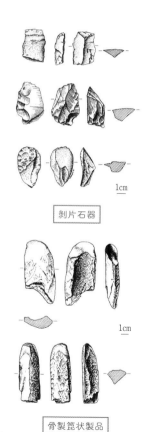

1cm

剥片石器

1cm

骨製箆状製品

洞窟から出土した遺物

4　出土した自然遺物・埋葬人骨

　ケプレック洞窟・ブラホロ洞窟ともに大量の動物遺存体、植物遺存体が出土している。

　動物遺存体　多種にわたる動物の骨、歯、枝角、頭骨などが出土している。霊長類のマカカ属、マメジカ類、肉食獣、齧歯類、長鼻類、鳥類、魚座、爬虫類などの動物遺存体が出土している。その中でもマカカ属などが最も主流を占める。マカカ属は下層にも見られるが、中層と上層で最も密度が高い傾向がある。この地域で現在絶滅しているものがほとんどで、完新世になると徐々に姿を消していくのが読み取れる。食料残滓としての貝類（淡水産・海水産）も出土しているが、ケプレック洞窟と比較して、ブラホロ洞窟には貝類が少ない。

　植物遺存体　クミリ（ククイノキ）の実、クナリ（カナリアノキ）の実、クタパン（モモタマナ）の実などの植物種子が検出されている。ブラホロ洞窟では花粉分析の結果、この地域の主な植生がシダとココナツであることを確認した。

　埋葬人骨　両洞窟から出土した埋葬骨はほとんどがオーストラロ・メラネシア系であり、ケプレック洞窟の5号人骨のみが東アジア大陸系（モンゴロイド系）であった。

ケプレック洞窟から出土した5号人骨
（東アジア大陸系）伸展葬

ブラホロ洞窟から出土した1号人骨
（オーストラロ・メラネシア系）屈葬

確認された人骨の中で最も古い人骨はブラホロ洞窟4号人骨であるが、層序が不確定であり、再確認の必要がある。東アジア大陸系のみが伸展葬であり、オーストラロ・メラネシア系の葬法は屈葬が3体確認されている。最も興味深い発見はブラホロ洞窟の1号埋葬骨である。Ⅲ層下部（表面から310cm）、すなわち炉床址が確認された層の下から検出された埋葬骨は、上向きで頭位が西で、東西方向に埋葬され、両脚は骨盤の近くで膝から折り重ねられている。死体の左手はその腹の上で折り重ねられ、右手は膝の方へ真っ直ぐ伸びている。胸から腹までの骨格上には、いくつかの石が置かれ、それらは死体を覆うように故意に置かれたように見える。埋葬骨の周辺には骨片や剥片石器があったが、副葬品ではないと考えられている。

5　グヌン・セウ地域の文化的特性

ケプレック期である12,000～4,000年前にグヌン・セウ地域に居住していたオーストラロ・メラネシア系の人々は、以下のような文化的特性を備えていたことが明らかになった。

①洞窟に居住し、必要な石器と骨角器の道具を製作する活動をしていた。また、炉床と火を洞窟において一般的に使用していた。埋葬地としても洞窟を使用していた。

②道具製作のための原材料に地方色が見られる。石灰岩の利用はその一例である。

③道具製作・食料獲得への様々な環境開発。様々な種類の動物の骨、枝角、歯および貝の使用。

④5,000年前頃から新石器時代にかけて種子の利用があったが、出土した植物遺存体は、クミリ（ククイノキ）の実、クナリ（カナリアノキ）の実、クタパン（モモタマナ）の実だけである。

⑤埋葬形態および処理におけるいくつかのパターンがあり、二次葬も実施されていた。

これらのグヌン・セウ地域と同様な特性を持った文化は、ジャワ島東部の石灰岩丘陵の中に広く分布し、現在までに7遺跡（ポノロゴ（Ponorogo）、ボジョネゴロ（Bojonegoro）、トゥバン（Tuban）、トゥルンガグン（Tulungagung）、プーガー（Puger）、ベスキ（Besuki（別名シトゥボンド Situbondo）））が確認されており、グヌン・セ

グヌン・セウ地域の編年表

時代・時期		文化期	年代	文化的特徴
旧石器	Ⅰ期	バクソカ期	180,000 年より以前	パチタン文化。人間は川沿いの開地に居住。典型的なチョッパー・チョッピングトゥールがバクソカ川で発見。
	Ⅱ期	トゥルス期	180,000 年〜60,000 年前	河岸居住。トゥルス洞窟最下層で典型的な剝片石器を発見。石核石器から剝片石器へ移行。
	Ⅲ期	タブハン期	60,000 〜12,000 年前	洞窟居住へ移行。初期の洞穴居住では大型動物相が支配的であったが、環境が変化し、完新世の植物とは異なる植物相によって支配。石器インダストリーは粗く加工されたものが多い。タブハン洞窟で確認。
先新石器	Ⅳ期	ケプレック期	12,000 〜4,000 年前	先新石器文化。洞窟居住ピーク期。ケプレック洞窟、ブラホロ洞窟を標準遺跡。石器、骨角器、貝製品など豊富な人工遺物。環境上の資源（動物狩猟）の集中的な開発と植物の種子の開発で特徴づけられた特定の地方文化。洞窟内での集中的な火の使用。一次葬と二次葬の埋葬形態。
新石器	Ⅴ期前期	グプ期	4,000 〜2,000 年前	新石器時代前期。洞窟居住。標準遺跡はグプ洞穴。剝片石器、土器など。
	Ⅴ期後期	グリジャガン期	2,000 〜1,000 年前	新石器時代後期。開地居住。新石器時代の典型的な遺跡はグリジャガン遺跡。方角石斧、石鏃、土器など。
金属器	初期属期 Ⅵ期	クルプ期	600 年前	初期金属器時代。居住地は開地。クルプ遺跡を標準遺跡。土器、鉄製品、ガラス製ビーズ。石器製作の技術は新石器文化を継続。

ウ地域の新たな編年は表のとおりである。

　東ジャワにおける骨角器文化は 1926 年にラワ洞窟（ポノロゴ地域のサンプン）でエスによって調査され、「サンプン骨角器文化」（Heekeren 1972）と呼ばれている。しかし、今回の 5 年にわたる発掘調査の結果は、グヌン・セウ地域で発掘された「サンプン骨角器文化」に比定される文化要素は他の東ジャワの洞窟と同様に骨角器文化よりも石器文化の優位性が確認され、「サンプン骨角器文化」を新たにケプレック遺跡を標準遺跡とする「ケプレック期（文化）」と呼称することを提唱している。

　また、「サンプン骨角器文化」はこれまで明確な年代を得ることができなかったが、「ケプレック期」は今回の調査において 12,000 BP 〜4,000 BP の年代に特定できた。これらの成果は東南アジア島嶼部における、石器、骨角器、貝器共伴関係を明らかにする上で重要な位置を占めるであろう。

　2022 年グヌン・セウ地域の洞窟遺跡を紹介するソン・トゥルス博物館がオープンした。近代的な建物には多くの遺物が展示されている。

引用・参考文献

江上幹幸　2005「インドネシア・ジャワ島の先史時代—グヌン・セウにおける考古学的調査」『考古学ジャーナル』528、pp.26- 31

Heekeren,H.R. 1972. The Stone Age Indonesia. *Verhandelingen VKI* 61. The Hague : Martunus Nijhoff.

Simanjuntak, Truman eds. 2002. *Gunung Sewu in Prehistoric Times*. Gadjah mada University Press , Yogyakarta, Indonesia.

ホアビニアンの
周縁と拡散

1　ホアビニアン（ホアビン文化）

　1920〜1930 年代、マドレーヌ・コラニによって、ホアビン省を中心とする
ベトナム北部の石灰岩洞窟群から発掘された、安山岩や玄武岩を石材とする石
器群をもとに、ホアビニアンが定義された（Colani 1932）。

　ホアビニアンの石器群は、礫及び礫片を素材とする片面調整の打製石器を特
徴とし、ショート・アックス、スマトラリスと呼ばれる楕円形石器などを示準
としている。これらの中には、ベトナム考古学でホアビニアンの後に続くとさ
れているバクソニアン（Bacsonian）、すなわち、新石器時代のバクソン文化で
顕著となるような局部磨製石器が含まれることがある。

ハンチョー洞窟近景（山形眞理子氏撮影）

一方、ホアビニアンの遺跡には、細石器が見られないという特徴があり、また、土器を伴う確実な事例がないとされている（菊池2010）。

　ホアビニアンは、これまで、東南アジアで議論されてきた先史時代研究の最も重要なテーマの一つであり（Gorman 1969、Forestier 2021など）、コラニが調査を開始してからおよそ1世紀にわたる調査研究の蓄積がある。

　ここでは、本書で取り上げた洞窟遺跡のほかに、これまでのホアビニアンの発掘事例や研究成果を取り上げ、タイ北部からラオス・カンボジア、タイ西部からマレー半島（マレーシア、インドネシアの一部を含む）、そして、中国南部といったホアビニアンの「周縁」の様相に注目し、簡単ながら、分布の広がり、あるいは、その消長（年代幅）などをもとに、その地域差などを整理することにしたい。

2　ホアビニアンの分布

　これまでのところ、ホアビニアンを特徴付ける石器群は、更新世から完新世、すなわち、旧石器時代から新石器時代において、インド北東部、中国南部、東南アジア大陸部の全域と島嶼部の一部などのきわめて広い範囲で確認されている。

　このうち、東南アジアでは、ベトナム北部150カ所以上、ラオス10カ所以上、カンボジア1カ所、タイ20カ所以上、ミャンマー1カ所、マレーシア5カ所以上、インドネシア6カ所以上において、ホアビニアンの洞窟や開地遺跡が確認されている（Chen *et al.* 2023）。このうち、ベトナム北部の紅河平野縁辺にホアビニアンの「中心」があり、その遺跡の多くが18,000〜7,000BP（Before Present：今から〜年前）に収まると考えられてきたが、30,000年前頃までさかのぼる遺跡もあるとみられる（Hà Văn Tấn ed. 1998、Yi *et al.* 2008、西村2011など）。

　その後、「周縁」における発掘調査と調査研究が積み重ねられたことによって、ホアビニアン研究が大きく進展している現状がある。

3　タイ北部からラオス・カンボジア

　第2章「タイの洞窟遺跡」のとおり、タイ北部、ラオス北部にかけてのインドシナ半島最北部では、ホアビニアンの遺跡が多数確認されている。

ベトナム北部のホアビニアン期の主要遺跡

＊大きさは遺跡の数を示す

[ラオス]
LA-3：ヴァンタレーウ洞窟，[カンボジア]
CA-1：ラーンスピアン洞窟，
[タイ] TH-1：ランロンリエン岩陰，TH-2：ロット岩陰，TH-5：カオタルー洞窟，TH-6：ヒープ洞窟，TH-7：メント洞窟，TH-8：ピィ（スピリット）洞窟，TH-10：パーチャン洞窟，TH-21：バンライ洞窟，TH-22：ファイヒン洞窟，TH-23：カオキチャン洞窟，TH-24：モーキエウ洞窟，[マレーシア]
MA-4：グアケチル洞窟，[インドネシア] IN-5：トギンドラワ洞窟，[中国] CH-1：国漠遺址，CH-2：硝洞岩厦，CH-4：猫猫洞，CH-5：曾皮洞，CH-6：白蓮洞，CH-7：黄岩洞，CH-8：落笔洞

ホアビニアンの「周縁」遺跡の位置

このうち、北部のメーホンソン県では、学史的に著名なピィ（スピリット）洞窟（TH-8）において、ホアビニアン期の文化層から片面加工の大型礫器、磨石、剝片石器、二次加工を有する剝片等が発見され、11,690 ± 280BP 及び 8,760 ± 135BP という年代値が得られている（Gorman 1972）。また、同県では、ロット岩陰（TH-2）でタイで最も古いホアビニアンの年代 26,580 ± 250BP（Scoocongdej 2006）、パーチャン（Phaa Chan）洞窟（TH-10）で 7,500-5,100BP（White and Gorman 2004）、バンライ（Ban Rai）岩陰（TH-21）で 10,200-7,250BP という年代値が示されている。

また、ラオス北部のルアンパバーン県ヴァンタレオウ（Vang Ta Leow）洞窟（LA-3）で 9,800 年前頃（White _et al._ 2009）、また、カンボジア北西部のラーンスピアン洞窟（CA-1・第2章「ラーンスピアン洞窟」）で 6,240 ± 70BP（Mourer 1994）という年代値が得られている。

こうした中、ミャンマー・シャン州を流れるサルウィン川上流の東岸のタイ領内において、3,700BP という年代値が示された、メーホンソン県のファイヒン（Huai Hin）遺跡（TH-22）は、現在、ホアビニアンの最終末の様相を示すと考えられており（Forestier _et al._ 2013）、タイ北部では、ホアビニアンの広い年代幅を確認することができる。

4　タイ西部からマレー半島

タイ西部から南部、マレー半島を南下したマレーシア以南に目を向けると、タイ最古の洞窟遺跡として著名なランロンリエン岩陰（TH-1）では、ホアビニアン期の文化層が 23,000-18,500BP とされ、ロット岩陰に次いで古いタイのホアビニアンの洞窟遺跡ということになる（Anderson 1990）。

また、カオタルー（Khao Talu）洞窟（TH-5）、ヒープ（Heap）洞窟（TH-6）、メント（Ment）洞窟（TH-7）では、11,000 から 2,000BP という年代幅の中、土器が伴出する文化層で 4,500-2,000BP、青銅器時代の文化層で 2,500-1,000BP という年代値が得られている（Pookajorn 1990）。

また、スラターニー県カオキチャン（Khao Khi Chan）洞窟（TH-23）で 6,100-4,700BP（Reynolds 1989）、クラビ県モーキエウ（Mow Khiew）洞窟（TH-24）で 11,000-9,000BP（Forestier _et al._ 2021）、マレーシアのグアケチル（Gua

Kechil）洞窟（MA-4）出土人骨の分析で 4,800BP（Dunn 1966）、また、島嶼部に目を向けると、スマトラ島北部の南岸沖合のニアス（Nias）島のトギンドラワ（Togi Ndrawa）洞窟（IN-5）で 12,170 ± 400BP（Forestier *et al.* 2005）という年代値が得られている。

5　中国南部

　東南アジア大陸部からマレー半島にかけての状況に加えて、近年、中国南部において、伝統的なホアビニアンの見方を大きく見直す発見が相次いでおり、ホアビニアンの定義や評価を再検討する必要に迫られている。

　雲南省、貴州省、そして、広西チワン族自治区、広東省、海南島などの中国南部の発掘調査において、更新世から完新世にかけての遺跡が広く分布している。

　こうした中で、かつての南越国の領域であった嶺南地方では、広西チワン族自治区那浦県の国漠（Guomo）遺址（CA-1）が発掘され、2023 年、その内容が公表された。国漠遺址は、中越国境から北に 10 km の漓江東岸の河岸段丘面上に位置する開地遺跡であり、年代測定の結果 15,000～12,000 年前とされた。ホアビニアン期の文化層である L4～L3 層からショートアックスやスマトラリスなどが出土している（Chen 2023）。

　また、中国西南部の内陸部では、中緬国境に近い雲南省臨滄県滄源の石灰岩地帯において、硝洞（Shaodong）岩厦が発見されている（CH-2）。この岩陰は、43,500～24,000 年前に利用され、これまでの年代観を大きく遡る最古のホアビニアンの遺跡と見做されている（Ji *et al.* 2016）。その後、硝洞岩厦から瀾滄江を 50 km 南流した臨滄県滄源（仮）族自治県孟来において、19,800～18,200 年前とされる洞窟遺跡が発掘され、瀾滄江−湄公河（メコン川）流域を中心として、雲南省におけるホアビニアンの事例が補強されることになった（Wu *et al.* 2022）。

　これまで、ホアビニアンの出現と展開に関しては、発掘例が多いベトナム北部を中心とする南北拡散説が語られてきた。しかしながら、硝洞岩厦の発見とその年代観によって、中国では、ホアビニアンの起源を中国南部、とりわけ、雲南省に求める論調が目立つようになってきた。

こうした見方に関しては、年代値もさることながら、雲南省を上流域とするタイ北部、ラオス北部、そして、ベトナム北部との地理的・地勢的な関係が見直されていることがある。すなわち、インドシナ半島最北部から南流する金沙江－紅河、瀾滄江－メコン川、怒江－サルウィン川という3つの水系軸をもとにした新たな南北拡散説が提起されるようになった。

一方、こうした調査研究の進展の裏側では、中国南部のホアビニアンと同時期の石器群が大きく見直されてきていることに注意を払う必要がある。

近年、貴州省の猫猫（Maomao）洞（Wang 2021・CH-4）、広西チワン族自治区の曾皮（Zengpiyan）洞（Zhou 2022・CH-5）、白蓮（Bailian）洞（Jiang 2009・CH-6）、広東省の黄岩（Huangyen）洞（張 1998・CH-7）、海南島の落筆（Luobi）洞（Hao and Huang 1998・CH-8）などのいわば非ホアビニアン系の石器群を出土する遺跡に関心が集まっている。今後、雲貴、五嶺、嶺南の様相とともに、四川盆地－長江中下流域、台湾などの近接地域を見据えながら、ホアビニアンと非ホアビニアンとの関係が整理される必要がある。

6　これからのホアビニアン研究

2022年、ベトナム・ハノイにおいて、「ホアビン文化90周年学術会議」が開催され、この間のホアビニアン研究が総括された。また、東南アジアを中心とするホアビニアンのきわめて広範な広がりの中で、ベトナム当局による調査が積極的に継続され、ホアビニアンの遺跡数の多くを占めるようになったとおり、ベトナム北部こそがホアビニアン研究の「中心」といってよい。

一方、「周縁」に関しては、近年その重要さが理解され、タイ北部、ラオス北部、そして、中国南部などでの発掘調査が相次いでおり、とりわけ、硝洞岩厦に代表される中国領内の動向には目を見張るものがある。

本稿では、それぞれの遺跡における石器群などの詳細な検討を行っていないものの、ホアビニアンの分布と公表されている年代値を手がかりとすることで、「周縁」でのホアビニアンの消長、すなわち、年代幅を見込んだ。現時点では、硝洞岩厦を除くと、「周縁」の各地域の年代幅にはそれほど大きな隔たりがあると見做すことはできない。

（德澤啓一）

参考文献（本書既出文献及び非ホアビニアン遺跡に関する文献は割愛）

菊池誠一　2010「解説（ベトナムの考古文化（3））」『学苑』No.840、昭和女子大学歴史文化学科、pp.28-37

西村昌也　2011『ベトナムの考古・古代学』同成社

Anderson D. 1990. Lang Rongrien Rockshelter: A Pleistocene, Early Holocene Archaeological Site from Krabi, Southwestern Thailand. *University Museum Monograph* 71. Philadelphia, The University Museum, University of Pennsylvania. p.86.

Chen, X. He, A., Sun, X., Wei, Q., Liu, K., He, C., Liang, T., Yang, R., Wang T., Shen, Z., Forestier, H., Zhou, Y., 2023. Gomo open-air site（15-12ka）in Guangxi Zhuang Autonomous Region, southern China: Aner cobble-based industry for rethinking the definition of " Hoabinhian". *Journal of Archaeological Science* 49.

Dunn, F.L., 1966. Radiocarbondating of the Malayan Neolithic. *Proceedings of the Prehistoric Society* 32, pp.352-360.

Forestier, H., Zeitoun, V., Winayalai, C., Metais, C., 2013. The open-air site of Huai Hin（Northwestern Thailand）: chronoligical perspectives for the Hoabinhian. *Comptes Rendu Palevol* 12, pp.45-55.

Forestier, H., Zhou, Y., Auetrakulvi, P., Khaokhiew, C., Li, Y., Ji, Y., Zeitoun, V., 2021. Haobinhian variability in Mainland Southeast Asia revisited: The lithic assemblage of Moh Khiew Cave, Southwestern Thailand. *Archaeological Research in Asia* 25.

Gorman, C., 1969. Hoabinhian: a pebble tool complex with early plant associations in Southeast Asia. *Science* 163, pp.671-673.

Gorman, C., 1972. Excavations at SPIRIT Cave, North Thailand: someinterim interpretations. *Asian Perspectives* 13, pp.79-107.

Hà Văn Tấn ed. 1998. *Khảo cổ học Việt Nam tập I Thời đại Đá Việt Nam*（『ベトナム考古学第 1 集　ベトナムの石器時代』）. Nhá Xuất bán Khoa học Xã hội（社会科学出版社）, Hà Nội.

Mourer, R., 1994. Contribution à l'étude la préhistoire du Cambodge. In:Bizot, F. ed., *Etudes thématiques* I. Recherches nouvelles sur le Cambodge. École franc̣aise d'Extrême-Orient, pp.143-195.

Pookajorn, S. 1990. Hoabinhian cave excavations in Ban Kao District, West Thailand. In Glover, I. and Glover, E. eds. *Southeast Asian Archaeology 1986*. Proceedings of the First Conference of the Association of Southeast Asian Archaeologists in western Europe. London, B.A.R, 292p.

Reynolds, T., 1989. Techno-typology in Thailand: A case study of Tham Khao Khi Chan. *Bulletin of the Indo-Pacific Prehistory Association* 9, pp.33-43.

Ji, X., Kuman, K., Clark, R. J., Forestier, H., Li, Y., Ma, J., Qiu, K., Li, H., Wu, Yun., 2016. The oldest Hoabinhian technocomplex in Asia（43.5 ka）at Xiaodong rockshelter, Yunnan Province, southwest China. *Quaternary International* 400, pp.166-174.

Shoocongdej, R., 2006. Late Pleistocene activities at the Tham Lot rockshelter in highland Pang Mapha, Mae Hong Son province, northwestern Thailand. In: Bacus, E., Glover, I., Pigott,V. eds., *Uncovering Southeast Asia's Past*. Singapore University Press, pp.22-37

Shoocongdej, R., 2022. The Hoabinhian: the late and post-Pleistocene cultural systems of Southeast Asia. Higham, C.F.W. and Nam C. Kim eds. *The Oxford Handbook of Early Southeast Asia*. Oxford University Press, New York, pp.149-181.

White, J., Gorman, C., 2004. Patterns in "amorphous" industries: the Hoabinhian viewed through a lithic reduction sequence. In: Paz, V. ed., *Southeast Asian archaeology*. University of the Phillipines Press, Quezon City, pp.411-441.

White, J.C., Lewis, H., Bouasisengpaseuth, B., Marwick, B., Arrell, K., 2009. Archaeological investigations in northern Laos: new contributions to Southeast Asian prehistory. *Antiquity* 83（319）, 1, project gallery.

第4章

東南アジアの洞窟遺跡

　　30～20万年前、アフリカで誕生した新人（ホモ・サピエンス）は、6万年前の「出アフリカ」によって地球上に拡散したとされている。

　　タムパリン洞窟（ラオス）では、2023年6月のNature Communications誌上において、大陸部で最古となる86,000～68,000年前の新人の人骨が発表された。島嶼部を見ると、人類は、最終氷期を舞台として、スンダ大陸を進んで「ニア洞窟」（マレーシア）、「タボン洞窟」（フィリピン）などに辿り着き、5万年前にサフル大陸（オーストラリア大陸）に到達したとされている。この両大陸を隔てたウォーレス海域にあるトポガロ洞窟（インドネシア）では、この波濤を越えたスラウェシ島最古の42,000年前の新人の骨が発見された。

　　こうした新人段階での人類の旅路において、最終氷期の厳しい環境に耐え、命を繋ぐために、洞窟とそこでの暮らしは不可欠なものであった。

　　最終氷期の終わりになると、温暖化が進み、「ハンチョー洞窟」（ベトナム）、「フンクェン洞窟」（ベトナム）、「ラーンスピアン洞窟」（カンボジア）における

アルヒル桟道橋とクラセー洞窟遠景
（UAV による。德澤啓一氏撮影）
＊ UAV での空撮は、現地法令を遵守し、また、
NTBC（国家通信放送協会）及び CAAT（民間航空局）
に登録した機体及び操縦者（執筆者）で実施した。

動物や魚貝類などの利用に見られるとおり、洞窟での暮らしはより豊かなものになっていった。

　こうした環境下において、ホアビニアンは、東南アジア大陸部全域と島嶼部の一部に広がり、また、18,000〜7,000 年前を最盛期として、きわめて長期にわたって存続した。温暖化し、食料需給が安定化したことで、人類の創造性に富む文化が育まれていた。その内容は、カオチャンガム洞窟（タイ）などの洞窟壁画に垣間見ることができる。

　その後、さらに温暖化が進む中で、人類は洞窟を出て、さらに豊かな生活の場を見い出した。一方、人類が去り、人類と洞窟が隔絶されたことで、洞窟は、精霊や神仏が宿る異界となった。タムティン洞窟（ラオス）、プラサート・プノム・チュンゴーク洞窟（カンボジア）、プラヤナコーン洞窟（タイ）のように、人類が畏敬する聖なる場として利用されていくことになった。

　地球環境と人類の実生活、精神性の歴史的変遷こそが、人類にとっての洞窟の価値やその利用形態に大きな変化を促したといえる。（德澤啓一・柳田裕三）

参考文献

◉ベトナム／ハンチョー洞窟

Matsumura, Hirofumi, Yoneda, M., Dodo, Y. *et al*. 2008. Terminal Pleistocene human skeleton from Hang Cho Cave, northern Vietnam: implications for the biological affinities of Hoabinian people. *Anthropological Science* Vol.116(3), pp.201-217.

松村博文 2008「ヴェトナムでのフィールドワーク：東南アジアの人類史の解明をめざして」*Anthropological Science (Japanese Series)* Vol.116（1）、pp.83-90

松村博文 2019「ユーラシア東部におけるホモ・サピエンス拡散の二層モデル」『旧石器研究』15、pp.1-11

Matsumura, Hirofumi, Xie, G., Nguyen, L.C. *et al*. 2021. Female craniometrics support the 'two-layer model' of human dispersal in Eastern Eurasia. *Scientific Reports* 11, 20830(2021). https://doi.org/10.1038/s41598-021-00295-6.

Yi, Seonbok, June-Jeong Lee, Seongnam Kim, Yongwook Yoo and Dongwan Kim 2008. New data on the Hoabinhian: investigations at Hang Cho Cave, Northern Vietnam. *Indo-Pacific Prehistory Association Bulletin* 28, pp.73-79.

◉ベトナム／フンクウェン洞窟

Gakuhari, Takashi *et al*. 2020. Ancient Jomon genome sequence analysis sheds light on migration patterns of early East Asian populations. *Communications Biology*, doi.org/10.1038/s42003-020-01162-2.

Nguyễn Thị Mai Hương 2021. *Thăm Dò Mái Đá Phứng Quyền（Mai Hịch, Mai Châu, Hòa Bình）*. Báo cáo, Viện Khảo cổ học, Viện Hàn lâm KHoa học Xã hội Việt Nam.

McColl Hugh, *et al*. 2018. The prehistoric peopling of Southeast Asia. *Science* 361, pp.88-92.

◉ラオス／タムパリン洞窟

Freidline. E. Sarah. *et al*. 2023. Early Presence of *Homo Sapiens* in Southeast Asia by 86-68 kyr at Tam Pa Ling, Northern Laos. *Nature Communications* 2023 14: 3193.

Patole-Edoumba, Elise. and Demeter, Fabrice. 2018. *Pa Hang La Montagne Habitee*. 100,000 ans d'histoire de la biodiversite et de l'occupation humaine au nord du Laos. Les Indes Savantes. Museum d'histoire Naturelle de la Rochelle.

Sayavongkhamdy, Thongsa. and Bellwood, Peter. 2000. Recent Archaeological Research in Lao. *Indo-Pacific Prehistory Association Bulletin* 19, Melaka Papers, Volum3, pp.101-110.

White, Joyce C and Bouasisengpaseuth, Bounheuang. 2010. *Middle Mekong Archaeological Project*. Report on Period July 2009-June 2010 for the Department of Heritage, Ministry of information and Culture.（Unpublished Paper）

◉ラオス／タムティン洞窟

川島秀義 2003「ラオスの遺跡」『考古学の扉』創刊号、pp.135-146

Heywood Denise. 2014. *Ancient Luang Prabang & Laos*. River Books.

Tan Noel Hidalgo. 2018. Rock Art at the Cave of a Thousand Buddhas, Luang Prabang, Lao PDR. *Archaeological Research in Asia* 15. Elsevier.

◉カンボジア／ラーン・スピアン洞窟

Forestier, Hubert, Heng Sophady, Simon Puaud, Vincenzo Celiberti, Stéphane Frère, Valéry Zeitoun, Cécile Mourer-Chauviré, Roland Mourer, Heng Thanb, Laurence Billault 2015. The Hoabinhian from Laang Spean Cave in its stratigraphic, chronological, typo-technological and environmental context（Battambang, Cambodia）. *Journal of Archaeological Science: Reports* 3, pp.194-206.

Sophady, Heng, Hubert Forestier, Valéry Zeitoun, Simon Puaud, Vincenzo Celiberti, Kira Westaway, Roland Mourer, C Cécile Mourer-Chauviré, Heng Than, Laurence Billault, Srun Tech 2016. Laang Spean cave（Battambang province）: A tale of occupation in Cambodia from the Late Upper Pleistocene to Holocene. *Quaternary International* 416, pp.162-176.

Sophady, Heng, and Hubert Forestier 2019. State of Knowledge of Cambodian Prehistory, Recent Archaeological Evidence from Laang Spean. documents for the special lecture at Sophia Asia Center for Research and Human

Development, Siem Reap on August 16, 2019（un published）

Zeitoun, Valéry, Hubert Forestier, Heng Sophady, Simon Puaud, Laurence Billault 2012. Direct dating of a Neolithic burial in the Laang Spean cave（Battambang Province, Cambodia）. *First regional chrono‑cultural implications, Comptes Rendus Palevol* 11, pp.529‑537.

◉カンボジア／プラサート・プノム・チュンゴーク洞窟

Bruguier, Bruno and Juliette Lacroix 2009. *Guide archéologique du Cambodge Tome 1, Phnom Penh et les provinces méridionales*. Reyum.

◉タイ／カオチャンガム洞窟

Lunet de Lajonquière, Étienne Edmond 1912. Eassai d' Inventaire Archeologique du Siam. *Bulletin de la Commission Archéologique de l'Indochine*, pp.19‑181.

◉フィリピン／タボン洞窟

Ansyori, M., Choa, O., Sémah, A.‑M. eds. 2016. *Legacy of the Islanads*. PREHsea, Paris.

Bautista, A. 2017. Cultural Resource Management of Tabon Caves Complex, Quezon Palawan, the Philippines. In. World Heritage and Archaeology in Southeast Asia and Oceania.（『東南アジア・オセアニアの世界遺産と考古学』）東南アジア考古学会（Japan Society for Southeast Asian Archaeology）, pp.36‑42.

Corny, J., Garong, A., Sémah, F., Dizon, E., Bolunia, M.J.L., Bautista, R., Détroit, F. 2015. Paleoanthropological significance and morphological variability of the human bones and teeth from Tabon Cave. *Quaternary International*. Doi:10.1016/j.quaint: 2015.10.059.

Corny, J., Garong, A., Cosalan, A.D., Détroit. F. 2016. The origins and migrations of *Homo sapiens* in Island Southeast Asia." In: Ansyori, M., Choa, O., Sémah, A.‑M. eds. 2016. *Legacy of the Islands*. PREHsea, Paris. pp.89‑94.

Détroit, F., Dizon, E., Falguères, C., Mameau, S., Ronquillo, W., Sémah, F. 2004. Upper Pleistocene *Homo sapiens* from the Tabon Cave（Palawan, the Philippines）: description and dating of new discoveries. *Comptes Rendus Pale* vol.3, pp.705‑712.

Dizon, E. 2003. New Direct Dating of the Human Fossils from Tabon Cave, Palawan, Philippines. *Proceedings of the Society of Philippine Archaeologists* Vol.1, pp.63‑65.

Dizon, E., Bautista, A. 2016. Lipuun Point, Palawan, Philippines : scientific and conservation challenges. In: Ansyori, M., Choa, O., Sémah, A.‑M. eds. 2016. *Legacy of the Islands*. pp.127‑132.

Dizon, E., Détroit, F., Sémah, F., Falguères, C., Hameau, S., Ronquillo, W., and Cabanis, E. 2002. Notes on the morphology and age of the Tabon Cave fossil *Homo sapiens*. *Current Anthropology* 43, pp.660‑666.

Fox, R. B. 1970. *The Tabon Caves: Archaeological Explorations and Excavations on Palawan Isaland, Philippines*. National Museum of the Philippines, Manila.

Fox, R. B. 1971. Explorations and Excavations of Cave Sites of Ancient Man on Palawan Island, Philippines. *National Geographic Society Research Reports, 1965 Project*. National Geographic Society, Washington D.C. pp.75‑82.

Lewis, H. 2007. Preliminary soil micromorphology studies of landscape and occupation history at Tabon Cave, Palawan, Philippines. *Geoarchaeology: An International Journal* 22, pp.685‑708.

Sémah, A.‑M., Setiagama, K., Sémah, F., Détroit, F., Grimaud‑Hervé, D., Hertler, C. eds. 2007. *First Islanders: Human Origins Patrimony in Southeast Asia*. HOPsea, Paris.

Tiauzon, A. 2016. A resilient stone technology in the Philippine archipelago. In: Ansyori,M., Choa, O., Sémah, A.‑M. eds. 2016. *Legacy of the Islands*. PREHsea, Paris. pp.99‑102.

◉マレーシア／ニア洞窟

Barker, G., 2005. The archaeology of foraging and farming at Niah Cave, Sarawak. *Asian Perspectives* 44（1）, pp.90‑106.

Barker, G., ed. 2013. *Prehistoric Foraging and Farming in Island Southeast Asia: The Archaeology of the Niah Caves, Sarawak*, Volume 1. Cambridge: McDonald Institute for Archaeological Research Monographs.

Barker, G., Barton, H., Beavitt, P. *et al*. 2000. The Niah Cave Project: Preliminary report on the first（2000）season. *Sarawak Museum Journal* 55（76）, pp.111‑149.

Barker, G., Barton, H., Beavitt, P. *et al*. 2002. Prehistoric foragers and farmers in Southeast Asia: renewed investigations

at Niah Cave, Sarawak. *Proc. Prehist. Soc.* 68, pp.147‑164.

Barker, G., Barton, H., Bird *et al*. 2007. The 'human revolution' in tropical Southeast Asia: the antiquity of anatomically modern humans, and of behavioural modernity, at Niah Cave. *Journal of Human Evolution* 52, pp.243‑261.

Barton, H., 2005. The case for rainforest foragers: the starch record at Niah Cave, Sarawak. *Asian Perspectives* 44(1), pp.56‑72.

Cranbrook, E. 2000. *Northern Borneo environments of the past 40*.

Harrisson, B. 1967. A classification of Stone Age burials from Niah Great Cave. *Sarawak Museum Journal* 15(30‑31), pp.126‑199.

Harrisson, T. 1957. The Great Cave of Niah: A preliminary report on Bornean prehistory. *Man* 57, pp.161‑166.

Harrisson, T. 1958. The caves of Niah: A history of prehistory. *Sarawak Museum Journal* 8(12), pp.549‑595.

Hunt, C.O., Rushworth, G., 2005. Airfall sedimentation and pollen taphonomy in the West Mouth of the Great Cave, Niah. *Journal of Archaeological Science* 32, pp.465‑473.

Lloyd‑Smith, L. 2009. Chronologies of the Dead: Later Prehistoric Burial Practice at the Niah Caves, Sarawak. Un‑published PhD dissertation, University of Cambridge.

Lloyd‑Smith, L. 2013a. The West Mouth Neolithic cemetery, Niah Cave, Sarawak, *Proceedings of the Prehistoric Society* 79, pp.105‑136.

Lloyd‑Smith, L. 2013b. Early Holocene burial practice at Niah Cave, Sarawak. *Bulletin of the Indo‑Pacific Prehistory Association* 32, pp.54‑69.

Medway, L. 1958. Food bone in the Niah Cave excavations: Preliminary report. *Sarawak Museum Journal* 8(12), pp.627‑636.

Medway, L. 1959. Niah animal bones: Ⅱ (1954‑1958). *Sarawak Museum Journal* 9(13‑14), pp.151‑163.

Medway, L. 1960. Niah Cave bone Ⅲ — Hell bone(‑1959). *Sarawak Museum Journal* 9(15‑16), pp.361‑363.

Medway, L. 1978. The wild pig remains from the West Mouth, Niah Cave. *Sarawak Museum Journal* 25(46), pp.21‑39

Majid, Z. 1982. The West Mouth, Niah, in the prehistory of Southeast Asia. *Sarawak Museum Journal* 31(52), pp.1‑200.

◉インドネシア／リアンブア洞窟

Brown, P. *et al*. 2004. A new small‑bodied hominin from the Late Pleistocene of Flores, Indonesia. *Nature* 431, pp.1055‑1061.

Brown, P, and T. Maeda. 2009. Liang Bua *Homo floresiensis* mandibles and mandibular teeth: a contribution to the comparative morphology of a new hominin species. *Journal of Human Evolution* 57, pp.571‑596.

Brumm, A. *et al*. 2006. Early stone technology on Flores and its implications for *Homo floresiensis*. *Nature* 441, pp.624‑628.

Morwood, M.J. *et al*. 2004. Archaeology and age of a new hominin from Flores in eastern Indonesia. *Nature* 431, pp.1087‑1091.

Morwood, M.J. *et al*. 2005. Further evidence for small‑bodied hominins from the Late Pleistocene of Flores, Indonesia. *Nature* 437, pp.1012‑1017.

Moore, M. *et al*. 2009. Continuities in stone flaking technology at Liang Bua, Flores, Indonesia. *Journal of Human Evolution* 57, pp.503‑526.

Hayes *et al*. 2021. Use‑polished stone flakes from Liang Bua, Indonesia: Implications for plant processing and fibrecraft in the Late Pleistocene. *J. Archaeological Science: Report* 40. 103199.

Hershkovitz, I *et al*. 2007. Comparative skeletal features between *Homo floresiensis* and patients with primary growth hormone insensitivity (Laron Syndrome). *Am. J. Phys. Anthropol.* 134, pp.198‑208.

Kaifu, Y. *et al*. 2011. Craniofacial morphology of *Homo floresiensis*: description, taxonomic affinities, and evolutionary implication. *J. Hum. Evol.* 61, pp.644‑682.

Sutikna, T., *et al*. 2016. Revised stratigraphy and chronology for *Homo floresiensis* at Liang Bua in Indonesia. *Nature* 532, pp.366‑369.

Sutikna, T., *et al.* 2018. The spatio-temporal distribution of archaeological and faunal finds at Liang Bua (Flores, Indonesia) in light of the revised chronology for *Homo floresiensis*. *Journal of Human Evolution*, https://doi. org/10.1016

van den Bergh, G.D. *et al.* 2009. The Liang Bua faunal remains: a 95 k.yr. sequence from Flores, East Indonesia. *Journal of Human Evolution* 57, pp.527-537.

◉インドネシア／トポガロ洞窟

小野林太郎　2018『海の人類史―東南アジア・オセアニア海域の考古学』雄山閣

小野林太郎ほか　2022「「タケ仮説」再考 ―ウォーレシアにおける植物利用からみた石器の機能論」『国立民族学博物館研究報告』46（3）、pp.1-124

Fuentes, R., R. Ono, N. Nakajima, H. Nishizawa, J. Siswanto, N. Aziz, Sriwigati, H.O. Sofian, T. Miranda, A.F. Pawlik. 2019. Technological and behavioural complexity in expedient industries: the importance of use-wear analysis for understanding flake assemblages. *Journal of Archaeological Science* 112.105031.

Fuentes, R., R. Ono, J. Carlos, C. Kerfant, Sriwigati, T. Miranda, N. Aziz, H.O. Sofian, and A. Pawlik. 2020. Stuck within notches: direct evidence of plant processing during the Last Glacial Maximum in North Sulawesi. *Journal of Archaeological Science : Report* 30, 102207.

Fuentes, R., R. Ono, N. Aziz, N. Alamsyah, H.O. Sofian, T. Miranda, A. Pawlik 2021. Inferring human activities from the Late Pleistocene to Holocene in Topogaro 2, Central Sulawesi through use-wear analysis. *Journal of Archaeological Science: Reports* 37, 102905.

Oliveira,S. K. Nagele, S. Carlhoff, I. Pugach, T. Koesbardiati, A. Hubner, M. Meyer, A.A. Oktaviana, M. Takenaka, C. Katagiri, D.B. Murti, R.S. Putri, Mahirta, F. Petchey, T. Higham, C.F.W. Higham, S. O'Connor, S. Hawkins, R. Kinaston, P. Bellwood, R. Ono, A. Powell, J. Krause, C. Posthand M. Stoneking. 2022. Ancient genomes from the last three millennia support multiple human dispersals into Wallacea. *Nature Ecology and Evolution* 6: 1024-1034. https://doi.org/10.1038/s41559-022-01775-2.

Ono, R. F.A. Aziz, N. Aziz, Sriwigati, A.A. Okataviana, H.O. Sofian, and N. Alamsyah. 2019. Traces of Early Austronesian Expansion to East Indonesia? New Findings of Dentate-Stamped and Lime Infilled Pottery from Central Sulawesi. *Journal of Island and Coastal Archaeology*. 14(1), pp123-129.

Ono, R., Fuentes, R., Pawlik, A.F., Sofian, H.O., Sriwigati, Aziz, N., Alamsyah, N., and Yoneda, M. 2020a. Island migration and foraging behaviour by anatomical modern humans during the late Pleistocene to Holocene in Wallacea: New evidence from Central Sulawesi, Indonesia. *Quaternary International* 554, pp.90-106.

Ono, R., Pawlik, A., Fuentes, R. 2020b. Island Migration, Resource Use, and Lithic Technology by Anatomically Modern Humans in Wallacea. In Ono, R and Pawlik, A. eds., *Pleistocene Archaeology*, London: IntechOpen. DOI: 10.5772/intechopen.93819.

Ono, R. and A. Pawlik eds. 2020. *Pleistocene Archaeology- Migration, Technology, and Adaptation*. IntecOpen Publisher. Open Access E Book.

Ono, R., Fuentes, R., Noel, A., Sofian, H.O., Sriwigati, Aziz, N., and Pawlik, A. 2021a. Development of bone and lithic technologies by anatomically modern humans during the late Pleistocene to Holocene in Sulawesi and Wallacea. *Quaternary International* 596, pp.124-143.

Ono, R., H.O. Sofian, A.A. Oktaviana, Sriwigati, and N. Aziz 2021b. Human Migration and Maritime Networks in Northern Wallacea during Neolithic to Early Metal ages. In Matthew F. Napolitano, Jessica H. Stone, Robert J. DiNapoli eds. *The Archaeology of Island Colonization*. University Press of Florida, pp.293-326.

Ono, R., H.O. Sofian, R. Fuentes, N. Aziz and A. Pawlik 2023a. The Goa Topogaro complex: Human migration and mortuary practice in Sulawesi during the Late Pleistocene and Holocene. *Journal L'Anthropologie*. https://doi. org/10.1016/j.anthro.2023.103155.

Ono, R., Sofian, H.O., Fuentes, R., Aziz,N., Ririmasei, M., Geria, I.M. Katagiri, C., Pawlik, A. 2023b. Early modern human migration into Sulawesi and Island adaptation in Wallacea. *World Archaeology*, DOI: 10.1080/00438243.2023.2172074.

監修者紹介

新田栄治 <small>(にった えいじ)</small>

鹿児島大学 名誉教授・東南アジア考古学会 元 会長

◉主な著書

「先史時代」飯島明子・小泉順子編『世界歴史大系 タイ』山川出版社、2020

「ヘーガー 1 式銅鼓とその代替物－空白の充填－」春成秀爾編『何が歴史を動かしたのか』第 2 巻、雄山閣、2023

山形眞理子 <small>(やまがた まりこ)</small>

立教大学 学校・社会教育講座 学芸員課程 特任教授・東南アジア考古学会 会長

◉主な著書

The development of regional centres in Champa, viewed from recent archaeological advances in central Vietnam. Arlo Griffiths *et al*. eds. *Champa: Territories and Networks of a Southeast Asian Kingdom*. École française d'Extrême-Orient, 2019

「ドンソン文化とサーフィン文化—東南アジアの鉄器時代文化」弘末雅士責任編集『岩波講座 世界歴史 4 南アジアと東南アジア』岩波書店、2022

著者紹介 <small>(掲載順)</small>

徳澤啓一 <small>(とくさわ けいいち)</small> 　　岡山理科大学 教育推進機構 学芸員教育センター 教授

菊池誠一 <small>(きくち せいいち)</small> 　　昭和女子大学 名誉教授・東南アジア考古学会 元 会長

澤田純明 <small>(さわだ じゅんめい)</small> 　　新潟医療福祉大学 自然人類学研究所 教授

グエン・ティ・マイ・フォン <small>(Nguyễn Thị Mai Hương)</small>
　　ベトナム考古学院 人類古環境研究部長

川島秀義 <small>(かわしま ひでよし)</small> 　　早稲田大学 文化財総合調査研究所 招聘研究員

丸井雅子 <small>(まるい まさこ)</small> 　　上智大学 綜合グローバル学部 教授

小野林太郎 <small>(おの りんたろう)</small> 　　国立民族学博物館 学術資源研究開発センター 准教授

田中和彦 <small>(たなか かずひこ)</small> 　　鶴見大学 文学部文化財学科 教授・
　　東南アジア考古学会 前 会長

江上幹幸 <small>(えがみ ともこ)</small> 　　元 沖縄国際大学 教授・東南アジア考古学会 元 会長

栁田裕三 <small>(やなぎた ゆうぞう)</small> 　　佐世保市教育委員会

企画展『東南アジアの洞窟遺跡』とその図録である本書は、佐世保市教育委員会・岡山理科大学の共同研究事業「福井洞窟の研究」の成果の一部であり、德澤啓一・栁田裕三が企画・編集し、新田栄治・山形眞理子が監修した。

本事業は、日本ASEAN友好協力50周年、日本・カンボジア外交関係樹立70周年、日本・ベトナム外交関係樹立50周年記念事業としての認定を受けたものである。

協力者・協力機関一覧 <small>(敬称略・順不同)</small>

松村博文、レ・ハイ・ダン（Lê Hải Đăng）、グエン・ヴェット（Nguyễn Việt）、グエン・フウ・マイン（Nguyễn Hưu Mạnh）、グエン・アイン・トゥアン（Nguyễn Anh Tuấn）、ピダナームウォンサー・パーニー（Phedanamvongsa Pany）、ラオ・ビライソーン（Laow Vilaisone）、ヘン・ソパディ（Heng Sophady）、野上建紀、ヨセビオ・Z・ディソン（Eusebio Z. Dizon）、アメ・ガロン（Ame M. Garong）、メアリー・ジェーン・ルイーズ・A. ボルニア（Mary Jane Louise A. Bolunia）、海部陽介、藤田祐樹、片桐千亜紀、トゥルーマン・シマンジュンタック（Truman Simanjuntak）

ベトナム考古学院（Vietnam Institute of Archaeology）、タインホア省博物館（Thanh Hoa Museum）、ホアビン省博物館（Hoa Binh Museum）、カンボジア王立芸術大学（Royal University of Fine Arts, Cambodia）、フィリピン国立博物館（National Museum of the Philippines）、フィリピン大学考古学研究プログラム（Archeology Study Program, University of the Philippines）、国立科学博物館、インドネシア国立考古学センター（Centre for Archaeological Research ,Indonesia）

後援（50音順）：一般社団法人 日本考古学協会、岩宿博物館、うるま市教育委員会、遠軽町教育委員会、公益財団法人 倉敷考古館、高畠町教育委員会、津南町教育委員会、長崎県教育委員会、中津市教育委員会、奈良県立橿原考古学研究所附属博物館

《検印省略》2023年10月25日　初版発行

東南アジアの洞窟遺跡

編者

福井洞窟ミュージアム・東南アジア考古学会

発行者

宮田哲男

発行所

株式会社 雄山閣

〒102-0071　東京都千代田区富士見2-6-9

Ｔｅｌ：03-3262-3231

Ｆａｘ：03-3262-6938

URL：https://www.yuzankaku.co.jp

e-mail：info@yuzankaku.co.jp

振　替：00130-5-1685

印刷・製本

株式会社ティーケー出版印刷

ISBN978-4-639-02949-6　C0022

N.D.C.223　128p　21cm

©SASEBO City Board of Education & Japan Society for Southeast Asian Archaeology 2023 Printed in Japan

MUSEUM BOOKLET

洞窟 と 考古学者
遺跡調査の足跡と成果

考古学者が追い求めた 洞窟遺跡の魅力

日本列島の石器文化、農耕の起源を
求めて、洞窟遺跡の探究がはじまった

福井洞窟ミュージアム×倉敷考古館 編

定価 2,200 円　116 ページ
A5 判　ソフトカバー

◉主な内容

第1章 洞窟遺跡 探究のはじまり
　　　昭和30年代×考古学／調査団の足跡／
　　　考古学クラブの奮闘／ Column　近代考古学の始まり

第2章 発掘された洞窟遺跡
　　　福井洞窟／直谷岩陰／遠目遺跡／岩下洞穴／平沢良遺跡・鈴桶遺跡／茶園原
　　　遺跡・三年山遺跡／百花台遺跡／山ノ寺遺跡・原山遺跡／礫石原遺跡・三会
　　　下町干潟遺跡／早水台遺跡・聖嶽洞穴遺跡

第3章 洞窟に魅せられた考古学者
　　　鎌木義昌／間壁忠彦／井手寿謙／古田正隆／松瀬順一／瀬尾泰平／賀川光夫
　　　／芹沢長介／杉原荘介／相沢忠洋／麻生　優

第4章 洞窟遺跡と西北九州の先史研究

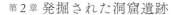

旧石器から縄文のかけ橋！

福井洞窟　ふくいどうくつ

洞窟を利用しつづけた大昔の人々

佐世保市教育委員会 編

旧石器時代や縄文時代の人々は、
洞窟をどのように利用して暮らしていたのだろう

定価 2,640 円　220 ページ
A5 判　ソフトカバー